新・歴史人物伝
土方歳三

著◎藤咲あゆな
絵◎おおつきべるの

そして日《ひ》が変《か》わり、五月《がつ》十一日《にち》午前《ごぜん》三時《じ》頃《ごろ》、総攻撃《そうこうげき》がはじまった。
新政府軍《しんせいふぐん》は海《うみ》と山《やま》から、箱館《はこだて》を囲《かこ》むように攻《せ》めてくる。
箱館山《はこだてやま》の守《まも》りに入《はい》っていた新選組《しんせんぐみ》は、ここで防戦《ぼうせん》に努《つと》めるが、多《おお》くの戦死者《せんししゃ》を出《だ》し、
弁天台場《べんてんだいば》に立《た》て籠《こ》もった。

本文190ページより

箱館戦争
CGイラスト 成瀬京司

日本中《にほんじゅう》の土方歳三《ひじかたとしぞう》を訪《たず》ねよう!!

北海道《ほっかいどう》 一本木関門《いっぽんぎかんもん》

新政府軍《しんせいふぐん》による箱館総攻撃《はこだてそうこうげき》の乱《らん》戦《せん》の中《なか》で土方《ひじかた》は命《いのち》を落《お》としました。最期《さいご》の地《ち》とされる一本《いっぽん》木関門《ぎかんもん》の近《ちか》くに「土方歳三最期之地《ひじかたとしぞうさいごのち》」の碑《ひ》があります。

京都府《きょうとふ》 新選組屯所遺蹟《しんせんぐみとんしょいせき》の碑《ひ》

中京区壬生《なかぎょうくみぶ》に残《のこ》る新撰《しんせん》組発祥《ぐみはっしょう》の地《ち》。当時《とうじ》、屯《とん》所《しょ》として建物《たてもの》を貸《か》した八木家《やぎけ》は、今《いま》も残《のこ》っています。

東京都《とうきょうと》 土方歳三資料館《ひじかたとしぞうしりょうかん》

歳三《としぞう》が子《こ》どものころ住《す》んでいた家《いえ》の跡地《あとち》にあり、土方《ひじかた》家《け》の子孫《しそん》が自宅《じたく》の一部《いちぶ》を資《し》料館《りょうかん》として開放《かいほう》しています。開館日《かいかんび》が限《かぎ》られているので、前《まえ》もって調《しら》べて行《い》きましょう。

千葉県《ちばけん》 近藤勇陣屋跡《こんどういさみじんやあと》

新撰組《しんせんぐみ》が最期《さいご》に陣屋《じんや》をかまえた場所《ばしょ》。新政府軍《しんせいふぐん》に囲《かこ》まれたとき、近藤《こんどう》は自《じ》首《しゅ》し、土方《ひじかた》は会津《あいづ》へ向《む》かいました。

東京都《とうきょうと》 高幡不動《たかはたふどう》

高幡不動《たかはたふどう》は土方歳三《ひじかたとしぞう》の菩《ぼ》提寺《だいじ》で、銅像《どうぞう》や位牌《いはい》をはじめとした多《おお》くの新選組《しんせんぐみ》に関《かん》する資料《しりょう》が展示《てんじ》されています。

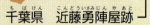

新・歴史人物伝

『土方歳三』

もくじ

序章《じょしょう》◆船中《せんちゅう》にて

ぐらり、と船《ふね》が傾《かたむ》き、市村鉄之助《いちむらてつのすけ》はハッと目《め》を覚《さ》ました。

船《ふね》に揺《ゆ》られている間《あいだ》に、うとうとしていたのだ。

「あ……」

また船《ふね》が大《おお》きく揺《ゆ》れて、懐《ふところ》に入《い》れた大事《だいじ》な包《つつ》みが落《お》ちないよう、鉄之助《てつのすけ》は服《ふく》の上《うえ》から手《て》のひらを当《あ》てて押《お》さえる。

(箱館《はこだて》は、どうなってるんだろう)

本当《ほんとう》なら、この身《み》は戦地《せんち》にあるはずだった。

しかし、今《いま》、自分《じぶん》は横浜《よこはま》に向《む》かう汽船《きせん》の中《なか》にいる。

敬愛《けいあい》する土方歳三《ひじかたとしぞう》が、箱館《はこだて》に停泊《ていはく》していた外国船《がいこくせん》の船長《せんちょう》に鉄之助《てつのすけ》を乗《の》せてくれるよう、頼《たの》んだのだ。

鉄之助《てつのすけ》は今《いま》から二年前《ねんまえ》の慶応《けいおう》三年《ねん》(一八六七年《ねん》)の秋《あき》に、兄《あに》・辰之助《たつのすけ》とともに新選組《しんせんぐみ》に入《はい》った。

慶応《けいおう》三年《ねん》の秋《あき》といえば、日本《にほん》を揺《ゆ》るがす大事《だいじ》が起《お》こった時期《じき》だ。

十月《がつ》十四日《か》に、江戸幕府《えどばくふ》第十五代将軍《だいしょうぐん》・徳川慶喜《とくがわよしのぶ》が朝廷《ちょうてい》に対《たい》し、「大政奉還《たいせいほうかん》」を行《おこな》ったのである。初代将軍《しょだいしょうぐん》・家康《いえやす》より二百五十年《ねん》以上続《いじょうつづ》いてきた幕藩体制《ばくはんたいせい》は、これによって崩《くず》れ去《さ》ったのだ。

京都守護職《きょうとしゅごしょく》の下《した》にあった新選組《しんせんぐみ》もまた、揺《ゆ》れていた。

翌月《よくげつ》の十一月《がつ》十八日《にち》には、元幹部《もとかんぶ》の伊東甲子太郎《いとうかしたろう》を油小路《あぶらのこうじ》にて斬《き》り、さらに十二月《がつ》十八日《にち》には伊東《いとう》が率《ひき》いていた高台寺党《こうだいじとう》の残党《ざんとう》に、局長《きょくちょう》の近藤勇《こんどういさみ》が狙撃《そげき》され――……。

右肩《みぎかた》を負傷《ふしょう》した近藤《こんどう》に代《か》わり、新選組《しんせんぐみ》を統率《とうそつ》したのは副長《ふくちょう》・土方歳三《ひじかたとしぞう》である。

土方《ひじかた》は翌年《よくとし》の慶応《けいおう》四年《ねん》（一八六八年《ねん》）一月三日《がつみっか》に勃発《ぼっぱつ》した「鳥羽《とば》・伏見《ふしみ》の戦《たたか》い」にて奮《ふん》戦《せん》したが、新政府軍《しんせいふぐん》に錦《にしき》の御旗《みはた》が掲《かか》げられたことにより、旧幕府軍《きゅうばくふぐん》の総大将《そうだいしょう》・慶喜《よしのぶ》が戦《いくさ》を放《ほう》り出《だ》して江戸《えど》へ逃《に》げ帰《かえ》ったため、負《ま》け戦《いくさ》に終《お》わった。

錦《にしき》の御旗《みはた》が翻《ひるがえ》ったことで、旧幕府軍《きゅうばくふぐん》は朝敵《ちょうてき》――すなわち天皇《てんのう》の敵《てき》となり、賊軍《ぞくぐん》に貶《おとし》められたのである。

慶喜《よしのぶ》は戦《いくさ》をやめたが、旧幕府軍《きゅうばくふぐん》の中《なか》には新政府《しんせいふ》の下《した》に入《はい》ることを良《よ》しとせず、戦《たたか》いを続《つづ》ける者《もの》たちがいた。

京都守護職《きょうとしゅごしょく》にあった会津藩主《あいづはんしゅ》・松平容保《まつだいらかたもり》、会津《あいづ》に味方《みかた》し奥羽越列藩同盟《おううえつれっぱんどうめい》を組《く》んだ東北諸《とうほくしょ》藩《はん》、そして幕府《ばくふ》の軍艦《ぐんかん》八隻《せき》を率《ひき》いて北《きた》へ向《む》かい、蝦夷地《えぞち》にて共和国《きょうわこく》の設立《せつりつ》を目指《めざ》した幕《ばく》臣《しん》・榎本武揚《えのもとたけあき》など……。

土方《ひじかた》は江戸《えど》へ戻《もど》ってからも戦《いくさ》に身《み》を投《とう》じ、宇都宮《うつのみや》、会津《あいづ》と北《きた》へ転戦《てんせん》を続《つづ》け、仙台《せんだい》にて榎《えの》本《もと》について行《い》くことを選《えら》び、蝦夷地《えぞち》に渡《わた》った。

その土方《ひじかた》のそばに、先日《せんじつ》まで鉄之助《てつのすけ》の姿《すがた》があったのだ。


あの日《ひ》――明治《めいじ》二年《ねん》（一八六九年《ねん》）四月《がつ》十五日《にち》の午後《ごご》、土方《ひじかた》は箱館《はこだて》の五稜郭《ごりょうかく》にて鉄之助《てつのすけ》を呼《よ》びつけ、特別《とくべつ》な任務《にんむ》を与《あた》えると言《い》った。

「これを日野《ひの》の佐藤彦五郎《さとうひこごろう》に届《とど》けてほしい」

それを差《さ》し出《だ》されたとたん、鉄之助《てつのすけ》は土方《ひじかた》の真意《しんい》を悟《さと》った。

新政府軍《しんせいふぐん》が日本海側《にほんかいがわ》の乙部《おとべ》から上陸《じょうりく》し、箱館《はこだて》を目指《めざ》している今《いま》、いずれは五稜郭《ごりょうかく》に総攻《そうこう》撃《げき》をかけてくる……。

土方《ひじかた》は若《わか》い命《いのち》が散《ち》るのを見《み》るのが忍《しの》びなく、日野《ひの》への使《つか》いという名目《めいもく》で、鉄之助《てつのすけ》を逃《に》がそうというのだ。

「いえ、お断《ことわ》りします。私《わたし》は逃《に》げたくありません。最後《さいご》まで土方《ひじかた》さんのそばにいます！」

「これは逃《に》がすためじゃねえ、特別《とくべつ》な任務《にんむ》だと言《い》っただろう！」

「いやです！　私《わたし》も最後《さいご》まで戦《たたか》います！」

「いいから行《い》け！」

土方《ひじかた》に怒鳴《どな》られても、鉄之助《てつのすけ》は首《くび》を横《よこ》に振《ふ》り続《つづ》けた。

「行《い》きません！　この役目《やくめ》は、どうか他《ほか》の者《もの》に与《あた》えてください！」

「いや、おまえじゃなきゃならねえんだ。鉄之助《てつのすけ》」

土方《ひじかた》は鉄之助《てつのすけ》の肩《かた》をがしっと押《お》さえつけ、目《め》を合《あ》わせてきた。

「おまえの兄貴《あにき》の辰之助《たつのすけ》は『鳥羽《とば》・伏見《ふしみ》の戦《たたか》い』のとき、逃《に》げちまったよな？　けど、おまえは新選組《しんせんぐみ》に残《のこ》った。そんなおまえだからこそ、この大事《だいじ》な役目《やくめ》を頼《たの》みたいんだ」

「で、でも……」

土方《ひじかた》の気持《きも》ちは痛《いた》いほどわかるし、ありがたいとも思《おも》うが――。

鉄之助《てつのすけ》は涙《なみだ》を堪《こら》え小刻《こきざ》みに震《ふる》えながらも、首《くび》を縦《たて》に振《ふ》らなかった。

ここでうなずいてしまえば、土方《ひじかた》のもとから離《はな》れることになる。それがどうしても、いやだったのだ。

頑《かたく》なな鉄之助《てつのすけ》に業《ごう》を煮《に》やした土方《ひじかた》は、ついに腰《こし》の刀《かたな》を抜《ぬ》いた。

「俺《おれ》の命令《めいれい》に従《したが》わないなら、今《いま》すぐその首《くび》を刎《は》ねる！　それでもいいか⁉」

「……──」

かつて、鬼《おに》の副長《ふくちょう》と呼《よ》ばれた男《おとこ》の気迫《きはく》の前《まえ》に、鉄之助《てつのすけ》はついに折《お》れた。

「よし、これを肌身離《はだみはな》さず持《も》って行《い》け。彦五郎《ひこごろう》さんに会《あ》ったら、これまでの戦況《せんきょう》を伝《つた》えてくれ」

刀《かたな》を鞘《さや》に収《おさ》めた土方《ひじかた》から、鉄之助《てつのすけ》は届《とど》け物《もの》を受《う》け取《と》り、夕闇《ゆうやみ》に紛《まぎ》れて五稜郭《ごりょうかく》を脱《だっ》し、港《みなと》へ向《む》かうよう指示《しじ》された。

案内人《あんないにん》に連《つ》れられて五稜郭《ごりょうかく》を出《で》て振《ふ》り返《かえ》ると、城門《じょうもん》の小窓《こまど》に人影《ひとかげ》があった。

それは見送《みおく》りに出《で》た、土方歳三《ひじかたとしぞう》その人《ひと》だった。

（土方《ひじかた》さん……）

また波《なみ》が来《き》て、鉄之助《てつのすけ》は尊敬《そんけい》する人《ひと》の形見《かたみ》になるであろう品《しな》を胸《むね》に大事《だいじ》に抱《かか》え込《こ》んだ。

第一章《だいしょう》◆武士《ぶし》へのあこがれ

天下分《てんかわ》け目《め》の「関《せき》ヶ原《がはら》の戦《たたか》い」（慶長《けいちょう》五年《ねん》／一六〇〇年《ねん》）を制《せい》した戦国武将《せんごくぶしょう》・徳川家康《とくがわいえやす》が、その三年後《ねんご》に江戸《えど》に幕府《ばくふ》を開《ひら》いてから、二百五十年《ねん》。

嘉永《かえい》六年《ねん》（一八五三年《ねん》）六月三日《がつみっか》の夕刻《ゆうこく》。

江戸湾《えどわん》の浦賀沖《うらがおき》に、異国船《いこくせん》四隻《せき》が姿《すがた》を現《あらわ》した。

はるか太平洋《たいへいよう》を隔《へだ》てたアメリカの大統領《だいとうりょう》の親書《しんしょ》を持《も》った、ペリー代将率《だいしょうひき》いる一団《いちだん》である。

海上《かいじょう》に浮《う》かぶ黒《くろ》い船《ふね》を見《み》た付近《ふきん》の人々《ひとびと》は驚愕《きょうがく》し……。

泰平《たいへい》の眠《ねむ》りを覚《さ》ます上喜撰《じょうきせん》
たった四杯《しはい》で夜《よる》も眠《ねむ》れず

という狂歌《きょうか》が詠《よ》まれたように、この「黒船来航《くろふねらいこう》」により日本《にほん》の国《くに》は混乱《こんらん》に陥《おちい》った。

蒸気船《じょうきせん》にひっかけた上喜撰《じょうきせん》とは上物《じょうもの》のお茶《ちゃ》のことで、お茶《ちゃ》の作用《さよう》で夜眠《よるねむ》れなくなる状態《じょうたい》と、異国《いこく》の船《ふね》が四隻《せき》来《き》ただけで日本《にほん》の国《くに》は夜《よる》も眠《ねむ》れないほど大騒《おおさわ》ぎだ、という意味《いみ》をかけている。

そんな、世《よ》の中《なか》がひっくり返《かえ》るような騒《さわ》ぎの中《なか》、武蔵国《むさしのくに》は多摩《たま》の片田舎《かたいなか》で、ひとりくすぶっている男《おとこ》がいた。

その男《おとこ》の名《な》を、土方歳三《ひじかたとしぞう》という。

土方家《ひじかたけ》は多摩郡石田村《たまごおりいしだむら》の豪農《ごうのう》であるが、「石田散薬《いしださんやく》」という打《う》ち身《み》や切《き》り傷《きず》に効《き》くという自家製《じかせい》の薬《くすり》も商《あきな》っている。

薬《くすり》を入《い》れたつづらを背負《せお》い、土方《ひじかた》は日野宿《ひのじゅく》にある姉《あね》・のぶの嫁《とつ》ぎ先《さき》、佐藤家《さとうけ》を訪《おとず》れた。

宿場名主《しゅくばなぬし》の佐藤家《さとうけ》では「虚労散薬《きょろうさんやく》」という肺病《はいびょう》に効《き》く薬《くすり》を製造販売《せいぞうはんばい》しており、土方《ひじかた》はこれもつづらに入《い》れて売《う》り歩《ある》いているのである。

土方《ひじかた》の義兄《ぎけい》・彦五郎《ひこごろう》は江戸《えど》の天然理心流《てんねんりしんりゅう》の門弟《もんてい》であり、指南免許《しなんめんきょ》を持《も》つ腕前《うでまえ》で、屋敷《やしき》の東側《ひがしがわ》の一角《いっかく》に剣術道場《けんじゅつどうじょう》を設《もう》けていた。

数年前《すうねんまえ》、日野宿《ひのじゅく》を見舞《みま》った大火事《おおかじ》の際《さい》、近隣《きんりん》の男《おとこ》が暴《あば》れて彦五郎《ひこごろう》の祖母《そぼ》を襲《おそ》い、斬殺《ざんさつ》した事件《じけん》があった。この事件《じけん》をきっかけに武芸《ぶげい》の必要《ひつよう》を感《かん》じた彦五郎《ひこごろう》は、大事《だいじ》な家族《かぞく》や己《おのれ》の身《み》を守《まも》るため、道場《どうじょう》を作《つく》ったのである。

佐藤家《さとうけ》の道場《どうじょう》には天然理心流《てんねんりしんりゅう》三代目《だいめ》・近藤周助《こんどうしゅうすけ》の養子《ようし》となった勝太《かった》（のちの近藤勇《こんどういさみ》）が、

時折《ときおり》、出稽古《でげいこ》にやってくる。

土方《ひじかた》も嘉永《かえい》四年《ねん》（一八五一年《ねん》）に天然理心流《てんねんりしんりゅう》に仮入門《かりにゅうもん》し、剣術《けんじゅつ》を学《まな》んではいたが、仕事《しごと》が忙《いそが》しく、思《おも》うように稽古《けいこ》ができない。

彦五郎《ひこごろう》は「虚労散薬《きょろうさんやく》」の補充分《ほじゅうぶん》を土方《ひじかた》に渡《わた》したあと、

「今日《きょう》はやけに身軽《みがる》じゃないか」

と言《い》った。

いつもなら、つづらに面《めん》、小手《こて》、竹刀《しない》などの剣術道具一式《けんじゅつどうぐいっしき》がくくりつけられているのだが、それがない。

「実《じつ》は先日《せんじつ》、兄貴《あにき》に怒《おこ》られちまってさあ」

「歳三《としぞう》、おまえは薬《くすり》の行商《ぎょうしょう》に身《み》を入《い》れず、道場破《どうじょうやぶ》りの真似《まね》をやっているそうじゃないか」

「道場破《どうじょうやぶ》りなんぞしてない。神社《じんじゃ》の境内《けいだい》で剣《けん》の稽古《けいこ》をしている輩《やから》がいれば、ともに汗《あせ》を流《なが》しているだけだ」

「ふーん、そうか……って、剣《けん》の稽古《けいこ》にうつつを抜《ぬ》かしているなら相違《そうい》ないではないか！」

そのようなわけで、少《すこ》しほとぼりが冷《さ》めるのを待《ま》っているのだ、と土方《ひじかた》は説明《せつめい》した。

「なるほどな。今日《きょう》は薬《くすり》の補充《ほじゅう》に寄《よ》っただけじゃないってわけか」

彦五郎《ひこごろう》はさっそく妻《つま》ののぶを呼《よ》び、剣術道具《けんじゅつどうぐ》をそろえるよう言《い》うと、ほどなくして下働《したばたら》きの男《おとこ》が一式《いっしき》そろえて持《も》ってきた。

「これを持《も》っていけ」

「さすが、彦五郎《ひこごろう》さんは話《はなし》がわかる」

うれしそうに道具《どうぐ》を受《う》け取《と》る土方《ひじかた》に、

「励《はげ》むのはいいけれど、危《あぶ》ない真似《まね》だけはやめておくれよ。おまえの身分《みぶん》じゃ、どうがんばったってお侍《さむらい》にはなれないんだからね」

と、のぶが弟《おとうと》にちくりと釘《くぎ》を刺《さ》す。

「そんなことはない。天然理心流《てんねんりしんりゅう》の勝太《かつた》さんは、元《もと》は上石原村《かみいしわらむら》の農家《のうか》の出《で》じゃないか。俺《おれ》だって機会《きかい》があれば――」

「御武家様《おぶけさま》の養子《ようし》の口《くち》が、そうそう転《ころ》がってるわけないだろ?」

「ああ、わかったわかった」

土方《ひじかた》は姉《あね》のお小言《こごと》を軽《かる》く受《う》け流《なが》し、佐藤家《さとうけ》をあとにした。

数日後《すうじつご》、行商《ぎょうしょう》を終《お》えた土方《ひじかた》は佐藤家《さとうけ》に道具《どうぐ》を返《かえ》してから、石田村《いしだむら》の家《いえ》に戻《もど》った。

父《ちち》は土方《ひじかた》が母《はは》のお腹《なか》の中《なか》にいるときに結核《けっかく》で死《し》に、その母《はは》も土方《ひじかた》が数《かぞ》えで六歳《さい》のときに亡《な》くなった。そんなわけで、末《すえ》っ子《こ》の土方《ひじかた》は兄《あに》・喜六《きろく》の厄介《やっかい》にずっとなっている。

土方《ひじかた》は二年前《ねんまえ》、天然理心流《てんねんりしんりゅう》に仮入門《かりにゅうもん》したのちに庭《にわ》に植《う》えた箭篠《やじの》を見《み》つめた。

箭篠《やじの》は矢竹《やだけ》ともいい、まっすぐな竹《たけ》だ。節《ふし》の間隔《かんかく》が広《ひろ》く、矢《や》の材料《ざいりょう》に向《む》いている。これを栽培《さいばい》することは武家《ぶけ》のたしなみとされている。

(俺《おれ》の身分《みぶん》では、どうがんばったって武士《ぶし》にはなれない……か)

蟬《せみ》の声《こえ》がうるさく、青《あお》い空《そら》に響《ひび》く。

土方歳三《ひじかたとしぞう》、十九歳《さい》の夏《なつ》であった。

◆◆◆

天然理心流《てんねんりしんりゅう》の道場《どうじょう》、試衛館《しえいかん》は江戸《えど》の牛込《うしごめ》にある。

門人《もんじん》に多摩《たま》の農民《のうみん》が多《おお》かったため、名門《めいもん》の道場《どうじょう》からは「芋道場《いもどうじょう》」、「百姓剣法《ひゃくしょうけんぽう》」と呼《よ》ばれ、馬鹿《ばか》にされていたが、江戸《えど》でもなかなかの道場《どうじょう》であった。

土方《ひじかた》は薬《くすり》の行商《ぎょうしょう》の折《お》りに、たまにこの道場《どうじょう》に顔《かお》を出《だ》していた。道場主《どうじょうぬし》で三代目《だいめ》の近藤周助《こんどうしゅうすけ》はすでに老体《ろうたい》の身《み》。時折《ときおり》、若者《わかもの》の稽古《けいこ》を見《み》てやるぐらいのものだったので、実質的《じっしつてき》なことは養子《ようし》となった勝太《かった》が行《おこな》っていた。

眉《まゆ》が太《ふと》く、口《くち》の大《おお》きい勝太《かった》は土方《ひじかた》よりひとつ上《うえ》。にこにこ笑《わら》うと両頬《りょうほほ》にえくぼができる愛嬌《あいきょう》の持《も》ち主《ぬし》だ。

勝太《かった》には、拳《こぶし》を口《くち》の中《なか》に出《だ》し入《い》れできるという妙《みょう》な特技《とくぎ》があり、

「虎退治《とらたいじ》で有名《ゆうめい》な加藤清正公《かとうきよまさこう》は、このように拳《こぶし》を自由《じゆう》に出《だ》し入《い》れしたという。自分《じぶん》も清正《きよまさ》公《こう》のように出世《しゅっせ》したいものだ」

と笑《わら》いながらよく言《い》っていた。

そうすると、

「あんたならできるよ。一見《いっけん》、ふざけた特技《とくぎ》だが、できるやつはそうそういねえ。あんたなら非凡《ひぼん》なことをなし得《う》るはずだ」

と土方《ひじかた》は真面目《まじめ》な目《め》を向《む》ける。

同《おな》じ多摩郡出身《たまごおりしゅっしん》とあって互《たが》いに親《した》しみを感《かん》じているが、農民《のうみん》から士分《しぶん》を得《え》たひとつ上《うえ》の

勝太《かった》は、土方《ひじかた》のあこがれの存在《そんざい》でもあった。

「うれしいことを言《い》ってくれるなあ、歳《とし》。ついでに薬《くすり》の代金《だいきん》、つけといてくれ」

「おっと、そいつは出世払《しゅっせばら》いとはいかねえぜ」

「ははは、きっちりしてるなあ」

勝太《かった》の頬《ほお》にえくぼが浮《う》かぶ。

そんな彼《かれ》でも竹刀《しない》を手《て》にすれば、一気《いっき》にその身《み》に気迫《きはく》がみなぎる。

少《すこ》し反《そ》り加減《かげん》で腹《はら》をぐっと前《まえ》に出《だ》す、下星眼《げせいがん》の構《かま》えだ。

びーん、と素早《すばや》く小手《こて》が決《き》まると、相手《あいて》はたいがい竹刀《しない》を取《と》り落《お》とす。

府中六所宮《ふちゅうろくしょぐう》の境内《けいだい》の東《ひがし》の広場《ひろば》にて、天然理心流《てんねんりしんりゅう》の四代目《だいめ》となる近藤勇《こんどういさみ》（かつての勝太《かった》）の襲名披露《しゅうめいひろう》の奉納試合《ほうのうじあい》が行《おこな》われたのは、文久元年《ぶんきゅうがんねん》（一八六一年《ねん》）の八月二十七日《がつ にち》のことだった。

天然理心流《てんねんりしんりゅう》は入門《にゅうもん》から、切紙《きりがみ》、目録《もくろく》、中極位目録《ちゅうごくいもくろく》、免許《めんきょ》、指南免許《しなんめんきょ》という段階《だんかい》を踏《ふ》んでいくのだが、入門《にゅうもん》から切紙《きりがみ》までは通常《つうじょう》、一年半《ねんはん》かかる。近藤《こんどう》はそれを七か月《げつ》という速《はや》さで達成《たっせい》した強者《つわもの》だった。

その腕《うで》を買《か》い、子《こ》のなかった三代目《だいめ》の周助《しゅうすけ》が十二年前《ねんまえ》に養子《ようし》に迎《むか》えたのだが、近藤《こんどう》はこの夏《なつ》、ようやく宗家《そうけ》を継《つ》いで天然理心流《てんねんりしんりゅう》の四代目《だいめ》となった。

奉納試合《ほうのうじあい》に参加《さんか》した約《やく》七十名《めい》の門人《もんじん》たちは、源平合戦《げんぺいがっせん》になぞらえて紅白《こうはく》に組分《くみわ》けされ、試合《しあい》に臨《のぞ》んだ。その中《なか》には二年前《ねんまえ》に正式《せいしき》に入門《にゅうもん》を果《は》たした土方《ひじかた》の姿《すがた》もあった。

勝敗《しょうはい》の判定《はんてい》をするのは近藤《こんどう》と、沖田惣次郎《おきたそうじろう》（のちの総司《そうじ》）である。電撃《でんげき》のごとく剣《けん》を扱《あつか》う沖田《おきた》は、まだ十七歳《さい》の若《わか》さながら師範代《しはんだい》となり、すでに塾頭《じゅくとう》を務《つと》めているのだ。

今日《きょう》は近藤《こんどう》の四代目襲名披露《だいめしゅうめいひろう》ではあるが、門人《もんじん》たちにとっては道場主《どうじょうぬし》と塾頭《じゅくとう》に、日頃《ひごろ》の訓練《くんれん》とは別《べつ》に己《おのれ》の腕前《うでまえ》を見《み》てもらう絶好《ぜっこう》の機会《きかい》でもある。

「やあ——っ！」

「うおおおお！」

紅白《こうはく》に分《わ》かれた門人《もんじん》たちは竹刀《しない》を振《ふ》るい、果敢《かかん》に敵《てき》に挑《いど》んでいく。平《ひら》の兵士《へいし》たちは額《ひたい》につけた土器《かわらけ》を割《わ》られたら負《ま》けとみなされ、戦線《せんせん》を離脱《りだつ》する。大将《たいしょう》がやられた時点《じてん》で試合《しあい》は終了《しゅうりょう》。

土方《ひじかた》は紅組《あかぐみ》に入《い》れられたが、対《たい》する白組《しろぐみ》の大将《たいしょう》は義兄《ぎけい》の彦五郎《ひこごろう》である。

「よし、彦五郎《ひこごろう》さんを討《う》ち取《と》ってみせる！」

が、白組《しろぐみ》の門人《もんじん》たちもたいしたもので、土方《ひじかた》はなかなか彦五郎《ひこごろう》に近《ちか》づけない。

試合《しあい》は三回《かい》に分《わ》けて行《おこな》われ、二回目《かいめ》が終《お》わったところで、互《たが》いに一勝《しょう》一敗《ぱい》。

三回目《かいめ》は、彦五郎《ひこごろう》が敵陣《てきじん》に乗《の》り込《こ》んで敵《てき》の大将《たいしょう》に一騎《いっき》打《う》ちを仕掛《しか》けた末《すえ》、白組《しろぐみ》が勝利《しょうり》を得《え》た。

敵《てき》ではあるが、土方《ひじかた》は義兄《ぎけい》の活躍《かつやく》に胸《むね》を熱《あつ》くした。

「彦五郎《ひこごろう》さん、さすがだな」

「そういえば、彼《かれ》は君《きみ》の義理《ぎり》の兄《あに》でしたね。なかなかの使《つか》い手《て》だ」

そう話《はな》しかけてきたのは、土方《ひじかた》と同《おな》じく紅組《あかぐみ》に配属《はいぞく》された山南敬助《さんなんけいすけ》だった。

元《もと》の流派《りゅうは》は北辰一刀流《ほくしんいっとうりゅう》だが、近藤《こんどう》と手合《てあ》わせをして負《ま》けてから、試衛館《しえいかん》の門人《もんじん》になったという変《か》わった経歴《けいれき》の持《も》ち主《ぬし》である。

「そういや、山南《さんなん》さん。あんた、仙台藩脱藩《せんだいはんだっぱん》っていうのは本当《ほんとう》かい?」

「さあ……」

「さあ、って。自分《じぶん》のことじゃないか」

「そんなの、どうだっていいでしょう。私《わたし》は近藤勇《こんどういさみ》の腕《うで》にほれ込《こ》み、今《いま》、こうして君《きみ》とともにここにいるのだから」

さらりと言《い》う山南《さんなん》に、土方《ひじかた》は「まあ、そうだなあ」と少《すこ》し首《くび》をひねりつつも、うなずく。

学問《がくもん》も高度《こうど》に究《きわ》めているであろう山南《さんなん》は、土方《ひじかた》にはどうもわかりにくい。

山南《さんなん》の視線《しせん》を追《お》って、土方《ひじかた》は巨大《きょだい》な額《がく》に目《め》を留《と》める。

前年《ぜんねん》に天然理心流《てんねんりしんりゅう》が六所宮《ろくしょぐう》に奉納《ほうのう》した額《がく》は、畳《たたみ》十三枚分《まいぶん》もあるという大《おお》きなもので、門人《もんじん》たちの名《な》がずらりと書《か》かれている。

その中《なか》には土方《ひじかた》の名《な》もあったが、近藤《こんどう》や沖田《おきた》は、それぞれ藤原義武《ふじわらのよしたけ》、藤原春政《ふじわらのはるまさ》と記《しる》されていた。これは彼《かれ》らが武士《ぶし》として扱《あつか》われていることを意味《いみ》している。

(俺《おれ》はまだ何者《なにもの》でもない……)

心《こころ》のうちに煮《に》えたぎる、焦《あせ》り、悔《くや》しさ、憤《いきどお》り……。

近藤《こんどう》は元《もと》は農民《のうみん》の出《で》だが、腕《うで》を買《か》われて養子《ようし》に入《はい》り、士分《しぶん》を得《え》た。

白河藩《しらかわはん》の足軽《あしがる》の家《いえ》に生《う》まれた沖田《おきた》は弱冠《じゃっかん》十七歳《さい》だが、試衛館一《しえいかんいち》、腕《うで》が立《た》つ。

(それに引《ひ》き替《か》え、俺《おれ》はなんだ？　商《あきな》いも剣《けん》も、どれも中途半端《ちゅうとはんぱ》だ。家《いえ》を継《つ》げる立場《たちば》じゃないし、このまま一生《いっしょう》、厄介者《やっかいもの》として終《お》わるのか……？)

兄《あに》の喜六《きろく》は昨年《さくねん》の九月《がつ》に亡《な》くなり、土方家《ひじかたけ》はまだ幼《おさな》い喜六《きろく》の息子《むすこ》・作助《さくすけ》が継《つ》ぐことになった。このままではいずれ甥《おい》に面倒《めんどう》を見《み》てもらう羽目《はめ》になる。

自分《じぶん》の行《ゆ》く末《すえ》がまだ定《さだ》まらない、土方歳三《ひじかたとしぞう》、二十七歳《さい》の秋《あき》の初《はじ》めであった。

◆◆◆

天然理心流《てんねんりしんりゅう》は実戦《じっせん》向《む》きの剣法《けんぽう》だ。

刀《かたな》を平《たい》らに寝《ね》かせて、突《つ》きを素早《すばや》く三段《だんい》入れる。これにより、突《つ》き損《そん》じても相手《あいて》の身体《からだ》のどこかを斬《き》ることができる。

宗家襲名《そうけしゅうめい》ののち、近藤《こんどう》は講武所《こうぶしょ》の教授《きょうじゅ》の試験《しけん》を受《う》けた。

講武所《こうぶしょ》は幕府《ばくふ》が旗本《はたもと》や御家人《ごけにん》の訓練《くんれん》のために作《つく》った武芸《ぶげい》の修練所《しゅうれんじょ》で、その方針《ほうしん》は「身分《みぶん》の上下《じょうげ》を問《と》わず、武芸《ぶげい》に優《すぐ》れた者《もの》は採用《さいよう》する」というものだ。

が、腕《うで》の立《た》つ近藤《こんどう》は試験《しけん》に受《う》かったものの、元《もと》は農民《のうみん》の出《で》ということがわかり、採用《さいよう》を取《と》り消《け》されてしまった。

「武士《ぶし》が百姓《ひゃくしょう》に剣《けん》を教《おそ》われるか！」

というわけだ。

「身分《みぶん》の上下《じょうげ》を問《と》わず、というのは嘘《うそ》だったのか⁉」

近藤《こんどう》は怒《いか》りで拳《こぶし》を膝《ひざ》に打《う》ちつけ、唇《くちびる》を噛《か》んだ。

それを見《み》ていた土方《ひじかた》も、悔《くや》しくてならなかった。

(近藤《こんどう》さんは、そのへんの武士《ぶし》よりも断然強《だんぜんつよ》いのに……)

「国家《こっか》の大事《だいじ》に、身分《みぶん》などと言《い》っている場合《ばあい》でもないだろうに」

山南《さんなん》がつぶやくと、原田左之助《はらださのすけ》が「そうだ、そうだ!」と大《おお》きな声《こえ》を出《だ》した。

「異人《いじん》のやつらを追《お》っ払《ぱら》わなきゃいけないってときによお、なに小《ちい》せえこと言《い》ってんだって話《はなし》だよなあ」

「幕府《ばくふ》のやつら、頭《あたま》が固《かた》いんだよな」

「悔《くや》しいですね……本当《ほんとう》に」

「身分《みぶん》の上下《じょうげ》を問《と》わず、というのは武家《ぶけ》の中《なか》の序列《じょれつ》の話《はなし》だったのですね」

藤堂平助《とうどうへいすけ》や沖田《おきた》、井上源三郎《いのうえげんざぶろう》も悔《くや》しさに唇《くちびる》を噛《か》み、

「幕府《ばくふ》は本気《ほんき》で攘夷《じょうい》をなす気《き》があるのか」

永倉新八《ながくらしんぱち》が怒《いか》りを声《こえ》に滲《にじ》ませ、その後《うし》ろで斎藤一《さいとうはじめ》が黙《だま》ってうつむく。

この頃《ころ》の試衛館《しえいかん》には、近藤《こんどう》を慕《した》って土方《ひじかた》や沖田《おきた》の他《ほか》、数人《すうにん》の若者《わかもの》たちが出入《でい》りしていた。

天然理心流《てんねんりしんりゅう》三代目《だいめ》・近藤周助《こんどうしゅうすけ》以来《いらい》の門人《もんじん》、沖田《おきた》の親戚《しんせき》で日野宿出身《ひのじゅくしゅっしん》の井上源三郎《いのうえげんざぶろう》。

江戸《えど》生まれの浪人《ろうにん》だが、津藩主《つはんしゅ》のご落胤《らくいん》という噂《うわさ》のある、北辰一刀流《ほくしんいっとうりゅう》の藤堂平助《とうどうへいすけ》。

同《おな》じく江戸《えど》生まれの松前脱藩浪士《まつまえだっぱんろうし》で、神道無念流《しんとうむねんりゅう》の永倉新八《ながくらしんぱち》。

江戸《えど》生まれで明石藩《あかしはん》の足軽《あしがる》を父《ちち》に持《も》つ凄腕《すごうで》の剣客《けんかく》・斎藤一《さいとうはじめ》。

種田流《たねだりゅう》の槍《やり》の使《つか》い手《て》で、伊予松山藩出身《いよまつやまはんしゅっしん》の原田左之助《はらださのすけ》などだ。

土方《ひじかた》は顔《かお》を上《あ》げ、近藤《こんどう》を見《み》た。

「近藤《こんどう》さん、あんたは誰《だれ》よりも武士《ぶし》らしい武士《ぶし》になってくれ」

「歳《とし》……」

「そのうち、幕府《ばくふ》はきっと、あんたの腕《うで》を頼《たよ》りにしてくる。そのときは見返《みかえ》してやれ」

土方《ひじかた》の熱《あつ》い目《め》を、近藤《こんどう》が見《み》つめ返《かえ》す。

しばし、沈黙《ちんもく》が流《なが》れ――。

永倉《ながくら》が「そうだ、そうだよな……」と口《くち》を開《ひら》いた。

「いずれ、幕府《ばくふ》が近藤《こんどう》さんを、俺《おれ》たちを必要《ひつよう》とするときが来《く》るはずだ！」

「おお、そうだな！」

「うむ、いずれ時《とき》が来《く》る！」

若者《わかもの》たちは顔《かお》を見合《みあ》わせ、うなずき合《あ》った。

この頃《ころ》、稽古《けいこ》を終《お》えると、土方《ひじかた》たちは自然《しぜん》と集《あつ》まって熱《あつ》く議論《ぎろん》を交《か》わし、国事《こくじ》を憂《うれ》えていた。

嘉永《かえい》六年《ねん》に開国《かいこく》を求《もと》めて来航《らいこう》したペリーは、半年後《はんとしご》の嘉永《かえい》七年《ねん》（一八五四年《ねん》）に再来航《さいらいこう》し、武力行使《ぶりょくこうし》をちらつかせ、幕府《ばくふ》に日米和親条約《にちべいわしんじょうやく》を締結《ていけつ》させた。

これにより、下田《しもだ》と箱館《はこだて》が開港《かいこう》。

二百年《ねん》以上続《いじょうつづ》いた幕府《ばくふ》の鎖国政策《さこくせいさく》は破《やぶ》れたのである。

その後《ご》、外圧《がいあつ》に抗《あらが》い切《き》れなくなった幕府《ばくふ》は、イギリスやロシアとも和親条約《わしんじょうやく》を結《むす》び、安政《あんせい》五年《ねん》（一八五八年《ねん》）、大老《たいろう》・井伊直弼《いいなおすけ》が天皇《てんのう》の勅許《ちょっきょ》を得《え》ずに、日米修好通商条約《にちべいしゅうこうつうしょうじょうやく》に調印《ちょういん》。

その年《とし》は立《た》て続《つづ》けに、オランダ、ロシア、イギリス、フランスと修好通商条約《しゅうこうつうしょうじょうやく》を結《むす》ばされた。それはいずれも、日本《にほん》には不利《ふり》な条件《じょうけん》を含《ふく》んでいるものであった。

――このままでは、日本《にほん》は外国《がいこく》に食《く》い物《もの》にされてしまう。

時《とき》の孝明天皇《こうめいてんのう》が大《だい》の異国嫌《いこくぎら》いでもあったことから、天皇《てんのう》を尊《たっと》び、外国《がいこく》を打《う》ち払《はら》うという尊王攘夷《そんのうじょうい》の思想《しそう》が広《ひろ》まり、日本中《にほんじゅう》に志士《しし》たちがあふれた。

井伊《いい》のやり方《かた》に反発《はんぱつ》する者《もの》は多《おお》く、井伊《いい》はその者《もの》たちを粛清《しゅくせい》することで抑《おさ》え込《こ》んだ。

のちの世《よ》にいう「安政《あんせい》の大獄《たいごく》」である。

しかし、強引《ごういん》なやり方《かた》がいつまでもまかり通《とお》るわけはなく、井伊《いい》は安政《あんせい》七年《ねん》（一八六〇年《ねん》）三月三日《がつみっか》、江戸城《えどじょう》へ登城中《とじょうちゅう》に水戸浪士《みとろうし》らに襲《おそ》われ、暗殺《あんさつ》された。

この「桜田門外《さくらだもんがい》の変《へん》」により、幕府《ばくふ》の権威《けんい》は失墜《しっつい》。

幕府《ばくふ》は挙国一致《きょこくいっち》で外国《がいこく》に立《た》ち向《む》かうため、公武合体政策《こうぶがったいせいさく》を打《う》ち出《だ》し、第十四代将軍《だいじゅうしだいしょうぐん》・家茂《いえもち》と孝明天皇《こうめいてんのう》の妹《いもうと》・和宮《かずのみや》との縁談《えんだん》を進《すす》め、文久《ぶんきゅう》二年《ねん》（一八六二年《ねん》）二月《がつ》にこのふたりは結婚《けっこん》した。

が、簡単《かんたん》に世《よ》の中《なか》が落《お》ち着《つ》くわけもなく、この年《とし》の八月《がつ》二十一日《にち》には、薩摩藩《さつまはん》が「生麦事件《なまむぎじけん》」を起《お》こしている。

薩摩藩《さつまはん》の国父《こくふ》・島津久光《しまづひさみつ》の行列《ぎょうれつ》が江戸《えど》から京《きょう》へ戻《もど》る途中《とちゅう》、江戸《えど》と横浜《よこはま》の間《あいだ》の生麦村《なまむぎむら》にて、行列《ぎょうれつ》を横切《よこぎ》ろうとした外国人《がいこくじん》四人《にん》を無礼討《ぶれいう》ちにしたのだ。

十二月《がつ》十二日《にち》には、品川《しながわ》の御殿山《ごてんやま》に完成《かんせい》したばかりの英国公使館《えいこくこうしかん》を、長州《ちょうしゅう》の高杉晋作《たかすぎしんさく》や久坂玄瑞《くさかげんずい》が焼《や》き討《う》ちするという事件《じけん》が起《お》こり――。

「世《よ》の中《なか》は乱《みだ》れる一方《いっぽう》だ」

「京《きょう》では、天誅《てんちゅう》と称《しょう》して斬《き》り合《あ》いが横行《おうこう》していると聞《き》く」

「京都所司代《きょうとしょしだい》や町奉行《まちぶぎょう》では力不足《ちからぶそく》だとして、幕府《ばくふ》は会津藩主《あいづはんしゅ》・松平容保公《まつだいらかたもりこう》を新《あら》たに京都守護職《きょうとしゅごしょく》として派遣《はけん》したそうだ」

土方《ひじかた》たちは寒風《かんぷう》吹《ふ》きすさぶ、血《ち》の匂《にお》いのする京《きょう》の町《まち》を思《おも》い描《えが》いた。

雅《みやび》な雰囲気《ふんいき》からは程遠《ほどとお》い、殺伐《さつばつ》とした光景《こうけい》である。

そんなある日《ひ》のこと、

「近藤《こんどう》さん、近藤《こんどう》さん！」

永倉《ながくら》が試衛館《しえいかん》に駆《か》け込《こ》んできた。

「またとない機会《きかい》が訪《おとず》れたぞ！　此度《こたび》、幕府《ばくふ》では広《ひろ》く天下《てんか》の志士《しし》を募《つの》り、攘夷《じょうい》を決行《けっこう》するという。我《われ》らも進《すす》んで参加《さんか》し、日頃《ひごろ》のうっぷんを晴《は》らそうじゃないか！」

これが、すべてのはじまりであった。

第二章《だいにしょう》◆京《きょう》へ上《のぼ》る

日本中《にほんじゅう》に攘夷《じょうい》の嵐《あらし》が吹《ふ》き荒《あ》れる中《なか》……。

孝明天皇《こうめいてんのう》は義弟《ぎてい》となった将軍《しょうぐん》・家茂《いえもち》に対《たい》し、

「攘夷《じょうい》の実行《じっこう》はいつか」

と勅使《ちょくし》を江戸《えど》に向《む》かわせて迫《せま》ってきた。

和宮降嫁《かずのみやこうか》の際《さい》、「幕府《ばくふ》が必《かなら》ず攘夷《じょうい》を決行《けっこう》すること」が条件《じょうけん》のひとつに入《はい》っていたからだ。

これに対《たい》し、将軍《しょうぐん》・家茂《いえもち》は「上洛《じょうらく》して委細《いさい》を申《もう》し上《あ》げる」とし、その返書《へんしょ》に「臣家茂《しんいえもち》」と花押《かおう》とともに署名《しょめい》した。家茂《いえもち》は自分《じぶん》が「天皇《てんのう》の臣下《しんか》である」と明言《めいげん》したのである。和宮《かずのみや》降嫁《こうか》による朝廷《ちょうてい》の影響力《えいきょうりょく》は、これまでの幕府《ばくふ》の歴史《れきし》を考《かんが》えるとかつてないものであった。

かくして、家茂《いえもち》は翌年《よくとし》の二月《がつ》に江戸《えど》を発《た》って、京《きょう》へ向《む》かうことが決《き》まり……。

幕府《ばくふ》は将軍上洛《しょうぐんじょうらく》に向《む》けて慌《あわ》ただしく動《うご》く一方《いっぽう》で、京《きょう》での過激派《かげきは》による天誅事件《てんちゅうじけん》の横行《おうこう》に頭《あたま》を悩《なや》ませていた。

そんな折《おり》、越前《えちぜん》の前藩主《ぜんはんしゅ》・松平春嶽《まつだいらしゅんがく》から献策《けんさく》があった。

関東《かんとう》にて浪士《ろうし》を集《あつ》め、上洛《じょうらく》する将軍《しょうぐん》に先立《さきだ》って京《きょう》へ送《おく》り込《こ》み、過激派《かげきは》の取《と》り締《し》まりに当《あ》たらせる——というものだ。

浪士《ろうし》には、浪士《ろうし》を。毒《どく》をもって毒《どく》を制《せい》す、というわけだ。

将軍警護《しょうぐんけいご》を目的《もくてき》とした浪士組《ろうしぐみ》の結成案《けっせいあん》は、元《もと》をたどると、庄内藩《しょうないはん》の浪士《ろうし》、清河八郎《きよかわはちろう》の

「攘夷派《じょういは》の鎮静《ちんせい》、大赦《たいしゃ》、英才《えいさい》の採用《さいよう》」を掲《かか》げた「急務三策《きゅうむさんさく》」である。

清河《きよかわ》は自身《じしん》がお尋《たず》ね者《もの》ということもあり、大赦《たいしゃ》を得《え》て、獄《ごく》につながれている仲間《なかま》たちが自由《じゆう》になったのち浪士隊《ろうしたい》を率《ひき》いて京《きょう》へ上《のぼ》り、過激派《かげきは》を鎮圧《ちんあつ》するという計画《けいかく》を立《た》てたのだ。

実《じつ》はこれには、まだ裏《うら》があるのだが——。

かくして、この策《さく》を取《と》り入《い》れた幕府《ばくふ》は、浪士募集《ろうしぼしゅう》をはじめたのである。


さて、そんな裏《うら》の事情《じじょう》はさておき、この浪士募集《ろうしぼしゅう》の話《はなし》に飛《と》びついた試衛館《しえいかん》の面々《めんめん》は詳《くわ》しい話《はなし》を聞《き》こうと、さっそく牛込《うしごめ》二合半坂《にごうはんざか》にある幕臣《ばくしん》・松平上総介《まつだいらかずさのすけ》の屋敷《やしき》を訪《おとず》れた。

上総介《かずさのすけ》は若者《わかもの》たちを歓迎《かんげい》し、客間《きゃくま》へ通《とお》した。

「皆《みな》もよく存《ぞん》じておると思《おも》うが、ペリー来航以来《らいこういらい》、この国《くに》は揺《ゆ》れに揺《ゆ》れている。幕府《ばくふ》と朝廷《ちょうてい》が互《たが》いに手《て》を取《と》り合《あ》って、公武合体政策《こうぶがったいせいさく》を打《う》ち出《だ》し、第十四代将軍《だいしょうぐん》・家茂公《いえもちこう》と皇女《こうじょ》・和宮様《かずのみやさま》がご結婚《けっこん》されたのは、孝明天皇《こうめいてんのう》の悲願《ひがん》でもある攘夷《じょうい》を決行《けっこう》するためである！　此度《このたび》の浪士募集《ろうしぼしゅう》は来年《らいねん》の春《はる》に上洛《じょうらく》する将軍《しょうぐん》・家茂公《いえもちこう》の警護《けいご》のためである」

将軍《しょうぐん》の上洛《じょうらく》は第三代《だいさんだい》・家光以来《いえみついらい》、実《じつ》に二百二十九年《ねん》ぶりだ。

それもあり、幕府《ばくふ》は細心《さいしん》の注意《ちゅうい》を払《はら》って、事《こと》に臨《のぞ》むつもりなのである。

「尽忠報国《じんちゅうほうこく》の志《こころざし》を持《も》ち、心身《しんしん》ともに健康《けんこう》であれば身分《みぶん》は問《と》わず、召《め》し抱《かか》える」

「おお……」

上総介《かずさのすけ》の言葉《ことば》に、試衛館《しえいかん》の面々《めんめん》は目《め》を輝《かがや》かせる。

尽忠報国《じんちゅうほうこく》とは、君主《くんしゅ》に忠義《ちゅうぎ》を尽《つ》くし、国《くに》の恩《おん》に報《むく》いるという意味《いみ》だ。

土方《ひじかた》の心《こころ》は沸《わ》き立《た》った。

同《おな》じ多摩《たま》の農家《のうか》の出《で》である井上源三郎《いのうえげんざぶろう》と互《たが》いに目《め》を合《あ》わせ、うなずき合《あ》う。

武士《ぶし》になれる、またとない機会《きかい》を得《え》たのだ。

講武所《こうぶしょ》の剣術教授方《けんじゅつきょうじゅがた》である上総介《かずさのすけ》は、近藤勇《こんどういさみ》を見《み》て続《つづ》けた。

「近藤殿《こんどうどの》、そなたの腕《うで》が立《た》つのはよく知《し》っておる。講武所教授《こうぶしょきょうじゅ》の件《けん》、取《と》り消《け》しになったことはわしも実《じつ》に悔《くや》しく思《おも》っていた。ぜひ、この浪士組《ろうしぐみ》に参加《さんか》し、家茂公《いえもちこう》の御為《おんため》に腕《うで》を振《ふ》るってほしい」

上総介《かずさのすけ》の言葉《ことば》に、近藤《こんどう》は熱《あつ》い目《め》でうなずく。

「我《われ》ら一同《いちどう》、京《きょう》へ行《い》き、将軍様《しょうぐんさま》をお守《まも》りすることを約束《やくそく》します」

試衛館《しえいかん》に戻《もど》ってから、土方《ひじかた》たちは祝杯《しゅくはい》を挙《あ》げた。

「やっと俺《おれ》たちに運《うん》が向《む》いてきたぞ！」

「ご公儀《こうぎ》に楯突《たてつ》く輩《やから》を、斬《き》って斬《き》って斬《き》りまくるぜ！」

原田左之助《はらださのすけ》が槍《やり》を振《ふ》り回《まわ》す真似《まね》をし、甘党《あまとう》の近藤《こんどう》は大福餅《だいふくもち》を食《た》べながら、そんな一同《いちどう》の様子《ようす》を頼《たの》もしそうに眺《なが》める。

「斎藤《さいとう》くんがここにいたらなあ……」

ふと、永倉新八《ながくらしんぱち》が漏《も》らしたつぶやきに、一同《いちどう》は重《おも》い顔《かお》になった。

斎藤一《さいとうはじめ》は、この年《とし》、人《ひと》を斬《き》って江戸《えど》を出奔《しゅっぽん》してしまったのだ。

すると、沈《しず》んだ空気《くうき》を振《ふ》り払《はら》うように、

「私《わたし》が斎藤《さいとう》さんの分《ぶん》も働《はたら》きます！」

と、はりきった顔《かお》で沖田総司《おきたそうじ》が立《た》ち上《あ》がった。

が、そんな沖田《おきた》を近藤《こんどう》が諌《いさ》める。

「おまえはここに残《のこ》れ」

「え……どうしてですか？」

沖田《おきた》だけでなく、土方《ひじかた》たちも近藤《こんどう》に怪訝《けげん》な目《め》を向《む》ける。

「近藤《こんどう》さん、総司《そうじ》は試衛館《しえいかん》でいちばん腕《うで》が立《た》つ。なのに、なんでだ？」

「総司《そうじ》がいれば頼《たの》もしいこと、この上《うえ》ないぜ？」

「総司《そうじ》だけ置《お》いていくなんて、おかしな話《はなし》です。みんなで一緒《いっしょ》に行《い》きましょう」

そう口々《くちぐち》に言《い》ったが、しかし、近藤《こんどう》は首《くび》を横《よこ》に振《ふ》った。

「私《わたし》が京《きょう》へ上《のぼ》っている間《あいだ》、試衛館《しえいかん》の面倒《めんどう》は誰《だれ》が見《み》るんだ？　塾頭《じゅくとう》の総司《そうじ》が見《み》ないでどうする」

「あ……」

それはもっともなことだったので、みんなが黙《だま》る。

が、沖田《おきた》はやはり納得《なっとく》がいかず、近藤《こんどう》に食《く》ってかかった。

「浪士組《ろうしぐみ》は将軍様《しょうぐんさま》の警護《けいご》が仕事《しごと》なんだから、それが終《お》われば、江戸《えど》にすぐ戻《もど》るんでしょう？　だったら、その間《あいだ》、道場《どうじょう》を閉《し》めればいいじゃないですか！」

「将軍様《しょうぐんさま》が上方《かみがた》におられるのは、およそ三か月《げつ》だと聞《き》いている。いずれにしろ、私《わたし》の留守《るす》中《ちゅう》に道場《どうじょう》を守《まも》るのは、塾頭《じゅくとう》のおまえの役目《やくめ》だ」

この夜《よる》の話《はなし》は平行線《へいこうせん》に終《お》わったが、後日《ごじつ》、道場《どうじょう》は日野《ひの》の佐藤彦五郎《さとうひこごろう》が面倒《めんどう》を見《み》ることになり、沖田《おきた》も京《きょう》へ向《む》かう一行《いっこう》に加《くわ》わることができたのだった。

◆◆◆

そうして、年《とし》が明《あ》け——。

かくして、文久三年《ぶんきゅうねん》（一八六三年《ねん》）二月八日《がつようか》、小石川《こいしかわ》の伝通院《でんづういん》に集合《しゅうごう》した浪士《ろうし》たちは京《きょう》へ向《む》けて旅立《たびだ》った。

浪士《ろうし》たちは坊主頭《ぼうずあたま》、総髪《そうはつ》、半纏《はんてん》、股引《ももひき》といった感《かん》じで身《み》なりはバラバラ、武器《ぶき》もバラバラで、長刀《ちょうとう》、槍《やり》、弓《ゆみ》などを手《て》に手《て》に持《も》っている。

その異様《いよう》な光景《こうけい》に、見物《けんぶつ》に出《で》た江戸《えど》の町人《ちょうにん》たちは、

「まるで百鬼夜行《ひゃっきやこう》のようだねえ」

「あんなので京《きょう》へ上《のぼ》って、大丈夫《だいじょうぶ》なのかい？」

と口々《くちぐち》に言《い》い合《あ》った。

しかし、ボロを着《き》ていても、将軍警護《しょうぐんけいご》という立派《りっぱ》な役目《やくめ》を担《にな》った一団《いちだん》である。

土方《ひじかた》は心《こころ》を躍《おど》らせていた。

（京《きょう》の都《みやこ》かあ、どんなところだろう）

薬《くすり》の行商《ぎょうしょう》で甲斐国《かいのくに》までは行《い》っているが、それより西《にし》へは行《い》ったことがないのだ。

「はりきってますね、土方《ひじかた》さん」

「総司《そうじ》か。からかうなよ」

「ははは、でも気持《きも》ちはわかりますよ。見《み》た目《め》はどうでも私《わたし》たちはご公儀《こうぎ》——幕府《ばくふ》から派《は》遣《けん》された正式《せいしき》な警護兵《けいごへい》ですからね。自然《しぜん》と胸《むね》を張《は》ってしまいます。ほら、近藤《こんどう》さんだって」

ふたりは前《まえ》を歩《ある》く隊長《たいちょう》の近藤《こんどう》を見《み》た。

心《こころ》なしか、背《せ》が少《すこ》し反《そ》り返《かえ》っている。

「そうだな」

「でしょう?」

そういう沖田《おきた》の頬《ほほ》も紅潮《こうちょう》しているので、土方《ひじかた》は苦笑《くしょう》した。

総勢《そうぜい》二百三十人余《にんあま》りの浪士《ろうし》一行《いっこう》は、大宮《おおみや》、鴻巣《こうのす》——と中山道《なかせんどう》を進《すす》んで行《い》き、江戸《えど》を発《た》って二日後《ふつかご》の夕刻《ゆうこく》に本庄宿《ほんじょうじゅく》に入《はい》った。

ここの人《ひと》たちも江戸《えど》の町人《ちょうにん》たちと同《おな》じく、烏合《うごう》の衆《しゅう》である浪士組《ろうしぐみ》を怪訝《けげん》な顔《かお》で見《み》る。

「気味《きみ》の悪《わる》い連中《れんちゅう》だねえ」

「あ、でも、見《み》て。ほら」

「おや、いい男《おとこ》もいるじゃないか」

見物人《けんぶつにん》の中《なか》にいた女《おんな》たちがざわめくのを見《み》て、沖田《おきた》が土方《ひじかた》を振《ふ》り返《かえ》った。

「あの人《ひと》たちが見《み》てるの、土方《ひじかた》さんですよ」

「やっぱ、色男《いろおとこ》は違《ちが》うよなー。そういや、十七の頃《ころ》、奉公先《ほうこうさき》の女《おんな》とできちまって、放《ほう》り出《だ》されたって聞《き》いたぜ？」

からかうように笑《わら》った左之助《さのすけ》に、土方《ひじかた》はムッとする。

「そんな話《はなし》、どっから出《で》たんだ？　俺《おれ》にはお琴《こと》っていう許婚《いいなずけ》がいるんだぞ」

「ははは、歳《とし》、そう怒《おこ》るな。そんな噂《うわさ》が立《た》つってこたあ、おまえがそれだけ男前《おとこまえ》だってことだよ」

近藤《こんどう》が鷹揚《おうよう》に笑《わら》い、土方《ひじかた》たちは割《わ》り当《あ》てられた宿《やど》へと入《はい》った。

「今日《きょう》は一日《にち》、晴《は》れてよかったな」

そうして、旅装《りょそう》を解《と》いていると、

「や、やめてください！」

「うるせえ！　この寒空《さむぞら》の下《した》、俺《おれ》たちに野垂《のた》れ死《じ》ねっていうのか⁉」

と外《そと》でなにやら騒《さわ》ぐ声《こえ》が聞《き》こえてきた。

「なんだ？」

「どうした？」

様子《ようす》を見《み》に土方《ひじかた》たちが宿《やど》の外《そと》へ出《で》ると、夜空《よぞら》を焦《こ》がす炎《ほのお》が目《め》に入《はい》った。

往来《おうらい》で大《おお》きな篝火《かがりび》が焚《た》かれていたのだ。

「おら、もっと燃《も》やせ！」

配下《はいか》の隊士《たいし》たちに命《めい》じて、そこらの薪《まき》や戸板《といた》を割《わ》って火《ひ》に投《とう》じさせているのは、身体《からだ》の大《おお》きな男《おとこ》だった。

「尽忠報国之士芹沢鴨《じんちゅうほうこくのしせりざわかも》」

と彫《ほ》った大《おお》きな鉄扇《てっせん》をこれみよがしに広《ひろ》げ、「今夜《こんや》は暑《あつ》くなりそうだな」と嫌味《いやみ》たっぷりに言《い》って顔《かお》をあおいでいる。

その芹沢《せりざわ》の袖《そで》に、今日《きょう》の宿割《やどわ》り当番《とうばん》の浪士《ろうし》が必死《ひっし》にすがりついていた。

「このような行為《こうい》は禁《きん》じられております！　どうか、どうか！」

浪士組《ろうしぐみ》は寄《よ》せ集《あつ》めなので、道中《どうちゅう》の規律《きりつ》が定《さだ》められていた。

権威《けんい》を振《ふ》りかざしてはならぬ。役付《やくづき》の者《もの》の指示《しじ》に従《したが》うこと。往来《おうらい》を妨《さまた》げてはならぬ……等々《とうとう》。

芹沢《せりざわ》たちの起《お》こした行動《こうどう》は、このうちの「往来《おうらい》を妨《さまた》げてはならぬ」にふれるのだ。

しかし、そんな規律《きりつ》など関係《かんけい》ないとばかりに、芹沢《せりざわ》は宿割《やどわ》り当番《とうばん》の浪士《ろうし》を蹴《け》り倒《たお》し、

「宿《やど》がねえなら、こうして暖《だん》を取《と》るしかねえじゃねえか。なあ？」

と配下《はいか》の隊士《たいし》たちを見《み》る。

「おうよ！」

「芹沢《せりざわ》さんが風邪《かぜ》を引《ひ》いてもいいっていうのか⁉」

芹沢一派《せりざわいっぱ》の者《もの》たちは、遠巻《とおま》きに見《み》て怯《おび》える町人《ちょうにん》たちをおもしろそうに見《み》ながら、次々《つぎつぎ》と大八車《だいはちぐるま》や蓑《みの》などを軒先《のきさき》から奪《うば》い取《と》り、投《な》げ込《こ》んでいく。

赤々《あかあか》と燃《も》える炎《ほのお》に照《て》らされた芹沢《せりざわ》を見《み》て、永倉《ながくら》が、

「相変《あいか》わらず、豪気《ごうき》な人《ひと》だ」

と深《ふか》く息《いき》をつき、山南《さんなん》が、

「水戸《みと》の天狗《てんぐ》は、派手《はで》なことがお好《す》きなようだ」

とつぶやいた。

永倉《ながくら》と同《おな》じく神道無念流《しんとうむねんりゅう》をおさめた芹沢《せりざわ》は以前《いぜん》、水戸《みと》の天狗連《てんぐれん》（のちの天狗党《てんぐとう》）に属《ぞく》し、攘夷運動《じょういうんどう》をしていたという。

が、ある日《ひ》、対立《たいりつ》した同志《どうし》を三人斬《にんき》ってしまい、投獄《とうごく》されていたところ、清河八郎《きよかわはちろう》によ

る「急務三策《きゅうむさんさく》」で大赦《たいしゃ》となり、今回《こんかい》の募集《ぼしゅう》に応《おう》じて参加《さんか》したのだ。

（芹沢鴨《せりざわかも》……）

粗暴《そぼう》なこの男《おとこ》の名《な》は、土方《ひじかた》の胸《むね》に強《つよ》く焼《や》きついた。

第三章《だいさんしょう》◆壬生浪士組《みぶろうしぐみ》、結成《けっせい》！

江戸《えど》を発《た》って十六日目《にちめ》の二月《がつ》二十三日《にち》、土方《ひじかた》たちはついに京《きょう》へ入《はい》った。

浪士《ろうし》たちが旅装《りょそう》を解《と》いたのは、中心地《ちゅうしんち》から南《みなみ》へ外《はず》れた壬生村《みぶむら》である。

この村《むら》は畑《はたけ》が広《ひろ》がる中《なか》に家《いえ》や寺《てら》が点在《てんざい》するという、見《み》るからに田舎《いなか》で、浪士《ろうし》たちは壬生《みぶ》郷士《ごうし》の屋敷《やしき》や寺《てら》に各々《おのおの》振《ふ》り分《わ》けられた。

試衛館《しえいかん》の面々《めんめん》の宿所《しゅくしょ》となったのは八木源之丞《やぎげんのじょう》が主《あるじ》の八木家《やぎけ》で、芹沢鴨《せりざわかも》、新見錦《にいみにしき》、平山五郎《ひらやまごろう》、平間重助《ひらまじゅうすけ》などの水戸浪士《みとろうし》たちも一緒《いっしょ》だ。

「将軍様《しょうぐんさま》の御上洛《ごじょうらく》に備《そな》えて、さっそく稽古《けいこ》するか」

土方《ひじかた》たちは近《ちか》くの壬生寺《みぶでら》に向《む》かい、汗《あせ》を流《なが》した。

しかし、京《きょう》に着《つ》いて早々《そうそう》に、事態《じたい》は急変《きゅうへん》した。

浪士組結成《ろうしぐみけっせい》を幕府《ばくふ》に提案《ていあん》した清河八郎《きよかわはちろう》が、主《おも》だった浪士《ろうし》たちを新徳寺《しんとくじ》に集《あつ》め、

「浪士組《ろうしぐみ》は攘夷《じょうい》のため、すみやかに江戸《えど》に帰還《きかん》する」

と言《い》い出《だ》したのだ。

「京《きょう》に来《き》たばかりなのに？」

「どういうことだ？」

ざわめきが広《ひろ》がり、試衛館《しえいかん》から参加《さんか》した近藤勇《こんどういさみ》、山南敬助《さんなんけいすけ》、土方《ひじかた》は顔《かお》を見合《みあ》わせる。広《ひろ》間《ま》の後《うし》ろでふんぞり返《かえ》っていた芹沢《せりざわ》が、おもしろくなさそうな顔《かお》で舌打《したう》ちした。

実《じつ》は、清河《きよかわ》の真意《しんい》は別《べつ》にあった。

幕府《ばくふ》のもとで攘夷決行《じょういけっこう》のための浪士《ろうし》を集《あつ》めたのち、朝廷《ちょうてい》のためにその浪士《ろうし》たちを討幕《とうばく》に使《つか》おうというのである。

「君《きみ》たちは尽忠報国《じんちゅうほうこく》の士《し》として、浪士組《ろうしぐみ》に参加《さんか》した。ならば、天皇《てんのう》のため、国《くに》のためにその力《ちから》を使《つか》ってほしい。異存《いぞん》あるまいな」

清河《きよかわ》は一同《いちどう》を鋭《するど》い目《め》でねめつけ、その晩《ばん》の会合《かいごう》はこれで終《お》わった。

八木家《やぎけ》に戻《もど》った土方《ひじかた》たちは額《ひたい》を寄《よ》せて話《はな》し合《あ》った。

「どうする？　近藤《こんどう》さん。攘夷《じょうい》に異存《いぞん》はないが、俺《おれ》たちが上洛《じょうらく》した目的《もくてき》は家茂公《いえもちこう》の警護《けいご》および京《きょう》の治安回復《ちあんかいふく》のためじゃないか」

「ああ、歳《とし》。将軍様《しょうぐんさま》の上洛《じょうらく》を前《まえ》に京《きょう》を去《さ》るというのは、納得《なっとく》がいかない」

近藤《こんどう》がそう言《い》い、山南《さんなん》もうなずく。

「ええ、そうですよ。朝廷《ちょうてい》の命令《めいれい》を幕府《ばくふ》が受《う》け、幕府《ばくふ》が私《わたし》たちに江戸《えど》へ帰《かえ》るよう命《めい》じるなら話《はなし》は別《べつ》ですが……」

清河《きよかわ》の動《うご》きは素早《すばや》く、数日《すうじつ》のうちに「江戸《えど》へ帰還《きかん》して、攘夷《じょうい》を実行《じっこう》すべし」という関白《かんぱく》の命令《めいれい》を取《と》りつけてしまった。

飼《か》い犬《いぬ》に手《て》を噛《か》まれたような状況《じょうきょう》に幕臣《ばくしん》たちは業《ごう》を煮《に》やしたが、朝廷《ちょうてい》の命令《めいれい》とあっては逆《さか》らえない。そこで幕府《ばくふ》の威厳《いげん》を保《たも》つため、「生麦事件《なまむぎじけん》の余波《よは》でなにが起《お》こるかわからない状況《じょうきょう》であるから、ひとまず浪士組《ろうしぐみ》は江戸《えど》に戻《もど》るよう」という口実《こうじつ》を作《つく》った。

そうして、二十九日《にち》の夜《よる》、清河《きよかわ》は新徳寺《しんとくじ》に浪士《ろうし》たちをふたたび集《あつ》め、

「我々《われわれ》は関白《かんぱく》の命《めい》により、江戸《えど》に下《くだ》って、いよいよ攘夷《じょうい》の急先鋒《きゅうせんぽう》を務《つと》めることになった！」

と言《い》い放《はな》った。

その直後《ちょくご》、ざわつく一同《いちどう》の間《あいだ》から、のっそりとひとりの男《おとこ》が立《た》ち上《あ》がった。

「納得《なっとく》いかねえな、俺《おれ》は残《のこ》る」

芹沢《せりざわ》だった。それに呼応《こおう》するように、近藤《こんどう》も立《た》ち上《あ》がる。

「我《われ》らは幕府《ばくふ》の求《もと》めに応《おう》じて集《あつ》まった者《もの》である。関白《かんぱく》よりいかなる命令《めいれい》があったにせよ、将軍家《しょうぐんけ》からの御沙汰《おさた》がなければ、京《きょう》を去《さ》るつもりはない！」

「俺《おれ》も残《のこ》るぜ」

「私《わたし》もです」

土方《ひじかた》、山南《さんなん》に続《つづ》き、試衛館《しえいかん》の面々《めんめん》が毅然《きぜん》として立《た》ち上《あ》がり、芹沢派《せりざわは》の新見《にいみ》なども不敵《ふてき》な顔《かお》で腕《うで》を組《く》み、清河《きよかわ》をにらみつける。

まさか反対《はんたい》する者《もの》が出《で》るとは思《おも》っていなかった清河《きよかわ》は、眉《まゆ》を跳《は》ね上《あ》げた。

「浪士組《ろうしぐみ》を離《はな》れるということは、君《きみ》たちはどこにも属《ぞく》さないということになる。誰《だれ》の配下《はいか》にもならず、京《きょう》の町《まち》をうろうろするのは不逞浪士《ふていろうし》と同《おな》じになるが、それでもいいのか？」

「もとより、俺《おれ》は水戸脱藩《みとだっぱん》だ」

「芹沢《せりざわ》くん、水戸《みと》の出《で》なら君《きみ》は勤王《きんのう》のはずだ。朝廷《ちょうてい》の命令《めいれい》に逆《さか》らうのか？」

清河《きよかわ》がこう言《い》うのには論拠《ろんきょ》がある。

水戸藩《みとはん》は第二代藩主《だいだいはんしゅ》・光圀以来《みつくにいらい》、「もし朝廷《ちょうてい》と幕府《ばくふ》が戦《たたか》うことがあれば、そのときは朝廷《ちょうてい》に味方《みかた》せよ」という思想《しそう》――いわゆる水戸学《みとがく》が浸透《しんとう》しているのだ。

芹沢《せりざわ》は腕《うで》を組《く》んで斜《しゃ》に構《かま》え、片頬《かたほほ》を上《あ》げて、くっ、と笑《わら》った。

「確《たし》かに俺《おれ》は勤王派《きんのうは》だ。だから京《きょう》に残《のこ》り、不逞浪士《ふていろうし》から御所《ごしょ》をお守《まも》りする」

こうして、奇《く》しくも、ともに八木家《やぎけ》に宿営《しゅくえい》する芹沢派《せりざわは》と近藤派《こんどうは》は、清河《きよかわ》の浪士組《ろうしぐみ》と袂《たもと》を分《わ》かった。

その後《ご》、三月四日《がつよっか》に将軍《しょうぐん》・家茂《いえもち》が上洛《じょうらく》したが、浪士組《ろうしぐみ》は当初《とうしょ》の目的《もくてき》である「将軍警護《しょうぐんけいご》」を果《は》たすことなく、三月《がつ》十三日《にち》、江戸《えど》に向《む》けて京《きょう》を発《た》って行《い》った。

◆◆◆

ただの浪士《ろうし》になる覚悟《かくご》を持《も》って京都残留《きょうとざんりゅう》を決《き》めた土方《ひじかた》たちであったが、幕府《ばくふ》の旗本《はたもと》の働《はたら》きかけで、京都守護職《きょうとしゅごしょく》を務《つと》める会津藩主《あいづはんしゅ》・松平容保《まつだいらかたもり》の差配《さはい》を受《う》けることになった。

浪士組《ろうしぐみ》が旅立《たびだ》つ三日前《みっかまえ》の三月十日《がつとおか》、残留組《ざんりゅうぐみ》は連名《れんめい》で、金戒光明寺《こんかいこうみょうじ》に本陣《ほんじん》を置《お》く会津藩《あいづはん》に、京《きょう》に滞在《たいざい》する許可《きょか》を求《もと》める嘆願書《たんがんしょ》を提出《ていしゅつ》した。

それが、左《ひだり》に記《しる》す十七人《にん》である（太字《ふとじ》が試衛館《しえいかん》メンバー。網掛《あみが》けが芹沢派《せりざわは》）。

芹沢鴨《せりざわかも》、**近藤勇**《こんどういさみ》、新見錦《にいみにしき》、粕谷新五郎《かすやしんごろう》、平山五郎《ひらやまごろう》、**山南敬助**《さんなんけいすけ》、**沖田総司**《おきたそうじ》、野口健司《のぐちけんじ》、**土方歳三**《ひじかたとしぞう》、**原田左之助**《はらださのすけ》、**藤堂平助**《とうどうへいすけ》、**井上源三郎**《いのうえげんざぶろう》、**永倉新八**《ながくらしんぱち》、**斎藤一**《さいとうはじめ》、佐伯又三郎《さえきまたさぶろう》、阿比留鋭三郎《あびるえいざぶろう》、平間重助《ひらまじゅうすけ》

一年前《ねんまえ》に江戸《えど》を出奔《しゅっぽん》した斎藤一《さいとうはじめ》は、京《きょう》の知《し》り合《あ》いの道場《どうじょう》に身《み》を寄《よ》せており、近藤《こんどう》ら試衛《しえい》館《かん》の面々《めんめん》が上洛《じょうらく》すると知《し》り、壬生村《みぶむら》へ訪《たず》ねてきたのである。その際《さい》、京《きょう》で知《し》り合《あ》ったという長州浪士《ちょうしゅうろうし》の佐伯又三郎《さえきまたさぶろう》を連《つ》れており、佐伯《さえき》ともども残留組《ざんりゅうぐみ》に合流《ごうりゅう》した。

無口《むくち》だが腕《うで》の立《た》つ斎藤《さいとう》を、近藤《こんどう》や土方《ひじかた》はもちろん歓迎《かんげい》した。

浪士組《ろうしぐみ》が江戸《えど》へ発《た》ったあと、残留組《ざんりゅうぐみ》は八木家《やぎけ》と通《とお》りを隔《へだ》てた前川家《まえかわけ》も屯所《とんしょ》とした。ここは部屋《へや》が十二もあり、畳《たたみ》を百四十六枚《まい》も敷《し》けるという広《ひろ》さだ。

そうして、三月十五日付《にちづ》けで正式《せいしき》に身分《みぶん》を保障《ほしょう》された残留組《ざんりゅうぐみ》は八木家《やぎけ》の門前《もんぜん》に、

「松平肥後守御預《まつだいらひごのかみおあずかり》　浪士宿《ろうしやど》」

と墨書《すみが》きした大《おお》きな檜《ひのき》の板《いた》を表札《ひょうさつ》として掲《かか》げた。

松平肥後守《まつだいらひごのかみ》とは、会津藩主《あいづはんしゅ》で京都守護職《きょうとしゅごしょく》の松平容保《まつだいらかたもり》のことで、残留浪士《ざんりゅうろうし》たちは晴《は》れて「京《きょう》の不逞浪士《ふていろうし》を取《と》り締《し》まる」という役目《やくめ》を得《え》たのだ。

「清河《きよかわ》のやつ、ざまあみろってんだ。俺《おれ》たちは不逞浪士《ふていろうし》なんかじゃねえぞ」

「ええ、ちゃんと身分《みぶん》も保障《ほしょう》されましたしね！」

「松平肥後守御預《まつだいらひごのかみおあずかり》……いい響《ひび》きだなあ」

原田左之助《はらださのすけ》、沖田総司《おきたそうじ》、藤堂平助《とうどうへいすけ》らは、よほどうれしいらしく、何度《なんど》も門前《もんぜん》へ出《で》ては表札《ひょうさつ》を見上《みあ》げてしみじみとうなずく。

こうして残留組《ざんりゅうぐみ》は「壬生浪士組《みぶろうしぐみ》」と名乗《なの》り、活動《かつどう》を開始《かいし》することになったのだが——。

もうすぐ初夏《しょか》を迎《むか》えようという時期《じき》、壬生浪士組《みぶろうしぐみ》はある意味《いみ》、深刻《しんこく》な問題《もんだい》を抱《かか》えていた。そろそろ夏物《なつもの》の服《ふく》を調達《ちょうたつ》せねば、ということである。

「いつまでも冬物《ふゆもの》を着《き》ているわけにはいかない」

「巷《ちまた》では、俺《おれ》たちのことを壬生浪《みぶろ》にひっかけて、身《み》ボロって言《い》ってるらしいぜ」

「どうせなら、隊服《たいふく》を作《つく》ろう」

というわけで、大坂《おおさか》に下《くだ》った面々《めんめん》は豪商《ごうしょう》・平野屋《ひらのや》を訪《おとず》れて、「尽忠報国《じんちゅうほうこく》のため」と百両《りょう》を借《か》り受《う》け、その足《あし》で京《きょう》の大丸呉服店《だいまるごふくてん》に行《い》き、夏用《なつよう》の麻《あさ》の羽織《はおり》や袴《はかま》をあつらえた。

これが、「忠臣蔵《ちゅうしんぐら》」の義士《ぎし》たちの羽織《はおり》を真似《まね》た、浅葱色《あさぎいろ》の地《じ》に裾《すそ》と袖《そで》に白《しろ》く山形《やまがた》の模様《もよう》を染《そ》め抜《ぬ》いた「ダンダラ羽織《ばおり》」だ。

そして、四月《がつ》十六日《にち》。

会津藩《あいづはん》からのお召《め》しにより、隊士《たいし》たちは全員《ぜんいん》、藩主《はんしゅ》・容保《かたもり》にお目通《めどお》りをすることを許《ゆる》され、会津藩本陣《あいづはんほんじん》のある金戒光明寺《こんかいこうみょうじ》へ向《む》かった。

「おまえたちが壬生浪士組《みぶろうしぐみ》か。尽忠報国《じんちゅうほうこく》の志《こころざし》、誠《まこと》にあっぱれである。励《はげ》め」

容保《かたもり》にありがたくも声《こえ》をかけられ、隊士《たいし》たちは平伏《ひれふ》した。

土方《ひじかた》は感激《かんげき》に胸《むね》を熱《あつ》くした。

（農家《のうか》の出《で》で、薬売《くすりう》りだった俺《おれ》が今《いま》や、会津《あいづ》の殿様《とのさま》の家来《けらい》になってるとは……）

拝謁《はいえつ》のあと、容保《かたもり》の所望《しょもう》で隊士《たいし》たちは稽古《けいこ》を披露《ひろう》することになった。

急《きゅう》な話《はなし》だったが、さっそく組分《くみわ》けが決《き》められ、七試合行《しあいおこな》う運《はこ》びになり、土方《ひじかた》は最初《さいしょ》に平《へい》助《すけ》と組《く》んで剣術《けんじゅつ》を披露《ひろう》した。

その日《ひ》は容保《かたもり》から御酒《ごしゅ》を拝領《はいりょう》し、夕方《ゆうがた》、壬生《みぶ》へと戻《もど》った。

容保《かたもり》に拝謁《はいえつ》した五日後《いつかご》、四月《がつ》二十一日《にち》。

壬生浪士組《みぶろうしぐみ》は将軍警護《しょうぐんけいご》のため、大坂《おおさか》へ下《くだ》った。

将軍《しょうぐん》・家茂《いえもち》が大坂《おおさか》へ向《む》かったのは、摂海《せっかい》（大阪湾《おおさかわん》のこと）警備《けいび》のための台場《だいば》の建設《けんせつ》などの視察《しさつ》のためであった。

上洛《じょうらく》の本来《ほんらい》の目的《もくてき》であった将軍《しょうぐん》の警護《けいご》を務《つと》めることができ、壬生浪士組《みぶろうしぐみ》の面々《めんめん》は気《き》を引《ひ》き締《し》めて任務《にんむ》に臨《のぞ》んだ。

浅葱色《あさぎいろ》のダンダラ羽織《ばおり》の集団《しゅうだん》は、街道《かいどう》の人々《ひとびと》の注目《ちゅうもく》を集《あつ》めた。

「ダンダラ模様《もよう》か。まるで忠臣蔵《ちゅうしんぐら》だな」

「江戸《えど》からきた将軍警護《しょうぐんけいご》の浪士《ろうし》たちだそうだよ」

「なんだか、勇《いさ》ましいねえ」

土方《ひじかた》はまさに感無量《かんむりょう》であった。

（俺《おれ》たちは必要《ひつよう》とされてここにいる……ここにいるんだ）

容保《かたもり》の預《あず》かりになったあと、土方《ひじかた》は故郷《こきょう》の人《ひと》たちに宛《あ》てて手紙《てがみ》をしたため、その中《なか》でこう書《か》いている。

——上洛後《じょうらくご》、なかなか便《たよ》りが出《だ》せず、申《もう》し訳《わけ》ありません。いつ帰《かえ》れるか、今《いま》はまったくわからない状況《じょうきょう》です。しかし、帰《かえ》れないことこそ任務《にんむ》をまっとうしている証拠《しょうこ》と、お喜《よろこ》びいただきたい。

（姉《ねえ》さん、武家《ぶけ》の養子《ようし》の口《くち》がなくたって侍《さむらい》になれたぜ）

土方《ひじかた》の口元《くちもと》にかすかに笑《え》みが浮《う》かぶ。

壬生浪士組《みぶろうしぐみ》は五月《がつ》十一日《にち》、大坂《おおさか》から帰京《ききょう》する将軍《しょうぐん》・家茂《いえもち》を警護《けいご》するため、京《きょう》へと戻《もど》ったのだった。

第四章《だいしょう》◆八月《がつ》十八日《にち》の政変《せいへん》

京《きょう》の治安《ちあん》を守《まも》るためには、もっと多《おお》くの人数《にんずう》がいる。

会津藩《あいづはん》からのお達《たっ》しで、壬生浪士組《みぶろうしぐみ》は大々的《だいだいてき》に人員募集《じんいんぼしゅう》をかけ、五月《がつ》には三十五人《にん》、六月《がっ》には総員《そういん》五十人《にん》を超《こ》えた。初期《しょき》の編制《へんせい》は、

局長《きょくちょう》　芹沢鴨《せりざわかも》　近藤勇《こんどういさみ》　新見錦《にいみにしき》
副長《ふくちょう》　山南敬助《さんなんけいすけ》　土方歳三《ひじかたとしぞう》

以下《いか》、副長助勤《ふくちょうじょきん》として、沖田総司《おきたそうじ》、永倉新八《ながくらしんぱち》、原田左之助《はらださのすけ》、藤堂平助《とうどうへいすけ》、井上源三郎《いのうえげんざぶろう》、平山五郎《ひらやまごろう》、野口健司《のぐちけんじ》、斎藤一《さいとうはじめ》、平間重助《ひらまじゅうすけ》らが名《な》を連《つら》ね、その下《した》に平隊士《ひらたいし》たちがつく。

壬生浪士組《みぶろうしぐみ》は会津藩《あいづはん》の外局《がいきょく》である、ということから、組織《そしき》の長《ちょう》を「局長《きょくちょう》」と称《しょう》することにしたが、実質的《じっしつてき》な長《ちょう》は「巨魁隊長《きょかいたいちょう》（大隊長《だいたいちょう》）」とも呼《よ》ばれた芹沢鴨《せりざわかも》で、新見錦《にいみにしき》は素行《そこう》の悪《わる》さからまもなく副長《ふくちょう》に降格《こうかく》され、ついには平隊士《ひらたいし》にまで落《お》ちていく。

ここに名前《なまえ》のない粕谷新五郎《かすやしんごろう》は四月《がつ》に離脱《りだつ》し、阿比留鋭三郎《あびるえいざぶろう》は病死《びょうし》、佐伯又三郎《さえきまたさぶろう》は八月《がつ》十日《とおか》に何者《なにもの》かに暗殺《あんさつ》されてしまった。芹沢《せりざわ》の「うにこうるの根付《ねつ》け」という高価《こうか》な品《しな》を盗《ぬす》んだため斬《き》られたという話《はなし》もあれば、長州出身《ちょうしゅうしゅっしん》なのに江戸《えど》の浪士《ろうし》とつるんでいるのはけしからんとして、長州藩《ちょうしゅうはん》の久坂玄瑞《くさかげんずい》に殺《ころ》されたという話《はなし》もある。

それはさておき、人数《にんずう》が増《ふ》えると、統率《とうそつ》するために規律《きりつ》が必要《ひつよう》になってくる。

そこで近藤《こんどう》の提案《ていあん》で隊規《たいき》を明文化《めいぶんか》し、いわゆる「局中法度《きょくちゅうはっと》」と呼《よ》ばれるものが掲示《けいじ》され、隊士《たいし》たちの前《まえ》で読《よ》みあげられた。

一、士道《しどう》に背《そむ》きことあるまじき
一、局《きょく》を脱《だっ》することを許《ゆる》さず
一、勝手《かって》に金策《きんさく》するべからず
一、勝手《かって》に訴訟《そしょう》を取《と》り扱《あつか》うべからず
右《みぎ》に背《そむ》く者《もの》あれば切腹《せっぷく》を申《もう》しつけるなり

その他《ほか》に内規《ないき》として、一に切腹《せっぷく》、二に切腹《せっぷく》をもって罰則《ばっそく》とする数《すう》カ条《じょう》があった。

ところが——困《こま》ったことに、隊士《たいし》たちの見本《みほん》となってこの法度《はっと》を守《まも》るべき立場《たちば》の、芹沢《せりざわ》が大《おお》きな事件《じけん》を起《お》こした。

八月《がつ》十二日《にち》、生糸商《きいとしょう》の大和屋《やまとや》を焼《や》き討《う》ちしたのである。

生糸《きいと》の値《ね》を吊《つ》り上《あ》げ、暴利《ぼうり》を貪《むさぼ》っているので懲《こ》らしめる、というのが理由《りゆう》だ。芹沢《せりざわ》はこの日《ひ》、大坂《おおさか》に出払《ではら》っていた近藤派《こんどうは》には黙《だま》って出動《しゅつどう》した。

半数《はんすう》ほどの隊士《たいし》たちを引《ひ》き連《つ》れ、甲冑《かっちゅう》を身《み》に着《つ》けた芹沢《せりざわ》は屋根《やね》の上《うえ》に登《のぼ》り、例《れい》の鉄扇《てっせん》を

あおぎながら、

「どんどん運《はこ》びだせ！」

と指示《しじ》し、隊士《たいし》たちは土蔵《どぞう》から出《だ》した生糸《きいと》を燃《も》やし、土蔵《どぞう》の内部《ないぶ》にも火《ひ》を放《はな》ち、母屋《おもや》から持《も》ち出《だ》した小判《こばん》や小銭《こぜに》を井戸《いど》に投《な》げ捨《す》て、衣類《いるい》や箪笥《たんす》などの道具類《どうぐるい》も路上《ろじょう》に放《ほう》り出《だ》していく。

町内《ちょうない》の者《もの》たちはあらかじめ外出禁止《がいしゅつきんし》を命《めい》じられていたので、こわごわと窓《まど》や戸《と》の隙間《すきま》から様子《ようす》をうかがうだけで、誰《だれ》ひとり大和屋《やまとや》を助《たす》けに行《い》けない。

「おやめください！　おやめくださいませ！」

大和屋《やまとや》の主人《しゅじん》と息子《むすこ》が隊士《たいし》たちにすがりつくが、

「うるせえ！」

蹴《け》り倒《たお》されて、地面《じめん》に転《ころ》がされてしまった。

火《ひ》の手《て》が上《あ》がってから、しばらくして、

「ただちに消《け》せ、消《け》せ！」

と火消《ひけ》したちが出動《しゅつどう》してきたが、

「寄《よ》るな、寄《よ》るな！」

と隊士《たいし》たちが刀《かたな》を抜《ぬ》いて寄《よ》せつけない。

この焼《や》き討《う》ちは夜通《よどお》し続《つづ》き……芹沢《せりざわ》たちは翌朝《よくあさ》になってようやく引《ひ》き揚《あ》げた。

◆◆◆

火《ひ》を放《はな》つことは大罪《たいざい》である。

大和屋《やまとや》は御所《ごしょ》に九《ここの》つある門《もん》のうちのひとつ、中立売御門《なかだちうりごもん》に近《ちか》かったため、下手《へた》をしたら御所《ごしょ》が炎上《えんじょう》していたかもしれない。

朝廷《ちょうてい》はすぐさま会津藩《あいづはん》に犯人《はんにん》の捕縛《ほばく》を命《めい》じた。

この事件《じけん》には当然《とうぜん》、松平容保《まつだいらかたもり》も激怒《げきど》しており、公用方《こうようがた》の役人《やくにん》から近藤勇《こんどういさみ》、山南敬助《さんなんけいすけ》、土方《ひじかた》、沖田《おきた》、左之助《さのすけ》の五人《にん》が呼《よ》び出《だ》された。

「このままでは我《わ》が藩《はん》の評判《ひょうばん》にも関《かか》わる。ただちに芹沢《せりざわ》を召《め》し捕《と》れ」

しかし、芹沢《せりざわ》は組織《そしき》の頂点《ちょうてん》にいるため、おいそれと手出《てだ》しはできぬ。

五人《にん》は苦《にが》り切《き》った顔《かお》で、会津藩本陣《あいづはんほんじん》の金戒光明寺《こんかいこうみょうじ》を出《で》た。

帰《かえ》り道《みち》、左之助《さのすけ》がうーんと伸《の》びをしながら、

「でもよお、聞《き》くところによると、大和屋《やまとや》の焼《や》き討《う》ちは、同業者《どうぎょうしゃ》たちに泣《な》きつかれたらしいぜ？」

「故《ゆえ》なき暴挙《ぼうきょ》ではありませんが……」

「でも、やり方《かた》が乱暴《らんぼう》ですよ？」

山南《さんなん》も沖田《おきた》も、困《こま》った顔《かお》をする。

「しかし、芹沢《せりざわ》さんは壬生浪士組《みぶろうしぐみ》結成《けっせい》の功労者《こうろうしゃ》だ。あの人《ひと》を慕《した》っている者《もの》も大勢《おおぜい》いる」

組織《そしき》の均衡《きんこう》を考《かんが》える近藤《こんどう》は、簡単《かんたん》には決断《けつだん》できない。

そんな近藤《こんどう》の心中《しんちゅう》を汲《く》み取《と》り、土方《ひじかた》は、

「ここはひとつ慎重《しんちょう》にいこうぜ」

と言《い》った。

性急《せいきゅう》に事《こと》を進《すす》めれば、組織《そしき》が分裂《ぶんれつ》しかねない。近藤《こんどう》に反発《はんぱつ》を抱《いだ》く者《もの》も出《で》てくるだろう。

五人《にん》はその晩《ばん》も密《ひそ》かに話《はな》し合《あ》い、

「ひとまずは一間《ひとま》に押《お》し込《こ》めて、謹慎《きんしん》というかたちを取《と》ろう」

ということになったが、今度《こんど》は御所《ごしょ》で事件《じけん》が起《お》こり、決行《けっこう》が延《の》びてしまった。

「八月《がつ》十八日《にち》の政変《せいへん》」

である。

攘夷《じょうい》を唱《とな》えてはいるが、公武合体派《こうぶがったいは》の孝明天皇《こうめいてんのう》は討幕《とうばく》を望《のぞ》んではいない。が、長州藩《ちょうしゅうはん》など一部《いちぶ》の過激《かげき》な尊王攘夷派《そんのうじょういは》は孝明天皇《こうめいてんのう》を取《と》り込《こ》もうと、いろいろと政治的《せいじてき》な動《うご》きを見《み》せていた。

これを阻止《そし》するため、長州藩《ちょうしゅうはん》を堺町御門《さかいまちごもん》の守《まも》りから外《はず》し、公武合体派《こうぶがったいは》の薩摩藩《さつまはん》や会津藩《あいづはん》で御所《ごしょ》の守《まも》りを固《かた》めてしまおうという計画《けいかく》である。

当日《とうじつ》、反幕派《はんばくは》の長州藩《ちょうしゅうはん》が武力行使《ぶりょくこうし》に出《で》ることも考《かんが》え、会津藩《あいづはん》は壬生浪士組《みぶろうしぐみ》にも出動《しゅつどう》を命《めい》じてきた。

壬生浪士組《みぶろうしぐみ》は総勢《そうぜい》五十二人《にん》。

赤字《あかじ》に白《しろ》く「誠《まこと》」の一字《じ》を染《そ》め抜《ぬ》いた隊旗《たいき》を翻《ひるがえ》し、「誠忠《せいちゅう》」の黒文字《くろもじ》を入《い》れた騎馬提灯《きばちょうちん》を提《さ》げて、御所《ごしょ》へと向《む》かう。

先頭《せんとう》は近藤隊《こんどうたい》、中央《ちゅうおう》は芹沢隊《せりざわたい》、後方《こうほう》は新見隊《にいみたい》という編制《へんせい》だ。

局長《きょくちょう》の芹沢《せりざわ》と近藤《こんどう》は甲冑《かっちゅう》で身《み》を固《かた》めて馬上《ばじょう》の人《ひと》となり、そろいのダンダラ羽織《ばおり》の浪士《ろうし》た

ち を率《ひき》いて行《い》く。

特《とく》に、朝《あさ》は必《かなら》ず御所《ごしょ》の方角《ほうがく》を向《む》いて遥拝《ようはい》を続《つづ》けている勤王派《きんのうは》の芹沢《せりざわ》の頬《ほほ》は紅潮《こうちょう》していた。

「おい、てめえら、長州《ちょうしゅう》のやつらを一歩《いっぽ》も御所《ごしょ》に入《い》れるんじゃねえぞ！」

「はい！」

しかし、壬生浪士組《みぶろうしぐみ》が蛤御門《はまぐりごもん》にさしかかったとき、そこを警備《けいび》していた会津兵《あいづへい》に止《と》められてしまった。

「どこの者《もの》たちだ⁉　ここを通《とお》ること、まかりならん！」

近藤《こんどう》は当惑《とうわく》しつつも、

「我々《われわれ》は松平肥後守御預《まつだいらひごのかみおあずかり》、壬生浪士組《みぶろうしぐみ》だ！」

と名乗《なの》ったが、

「そのようなことは聞《き》いておらん！」

と、兵《へい》たちは槍《やり》を突《つ》きつけながらじりじりと詰《つ》め寄《よ》り、まったく取《と》り合《あ》わない。

すると、隊《たい》の中央《ちゅうおう》にいた芹沢《せりざわ》が馬《うま》を進《すす》めて、近藤《こんどう》の前《まえ》に出《で》てきた。

「あんたら、最近《さいきん》、交代《こうたい》で会津《あいづ》の田舎《いなか》から出《で》てきたばかりのようだな。ご苦労《くろう》さん」

「な……」

芹沢《せりざわ》の迫力《はくりょく》に押《お》されつつ、会津兵《あいづへい》が槍《やり》の穂先《ほさき》を鼻先《はなさき》に突《つ》きつける。

しかし、芹沢《せりざわ》は怯《ひる》むことなく鉄扇《てっせん》をバッと広《ひろ》げて穂先《ほさき》を払《はら》い、大音声《だいおんじょう》で言《い》い放《はな》った。

「我々《われわれ》は会津藩《あいづはん》、松平肥後守御預《まつだいらひごのかみおあずかり》の壬生浪士組《みぶろうしぐみ》だ！　公用方《こうようがた》よりのお達《たっ》しにより、仙洞御所《せんとうごしょ》までまかり通《とお》る！」

そこへ騒《さわ》ぎを聞《き》きつけた会津《あいづ》の郡奉行《こおりぶぎょう》が駆《か》けつけ、

「その者《もの》たちは味方《みかた》だ！　通《とお》せ、通《とお》せ！」

とわめいた。

会津兵《あいづへい》たちが道《みち》を開《ひら》き、壬生浪士組《みぶろうしぐみ》は蛤御門《はまぐりごもん》の先《さき》へと進《すす》む。

芹沢《せりざわ》は鉄扇《てっせん》で会津兵《あいづへい》たちをあおぎながら、

「わっはっはっ、だいぶ逆上《ぎゃくじょう》してるな。頭《あたま》を冷《ひ》やせ」

と笑《わら》いながら通《とお》りすぎた。

先頭《せんとう》にいたのにうまく対処《たいしょ》できなかった近藤《こんどう》は悔《くや》しげに唇《くちびる》を噛《か》み、進《すす》んで行《い》く。

（近藤《こんどう》さん……）

そんな近藤《こんどう》を見《み》て、土方《ひじかた》はなんとも言《い》えない気持《きも》ちになった。

芹沢《せりざわ》の存在感《そんざいかん》はすごい。

それが大和屋《やまとや》焼《や》き討《う》ちのように悪《わる》いほうに傾《かたむ》くときもあれば、今回《こんかい》のように良《よ》いほうに現《あらわ》れるときもある。

（やはり、芹沢《せりざわ》をこのままにしておくのは危険《きけん》だ）

山南《さんなん》を見《み》ると、土方《ひじかた》の気持《きも》ちを察《さっ》したかのようにうなずき返《かえ》してきた。

壬生浪士組《みぶろうしぐみ》はその日《ひ》は仙洞御所《せんとうごしょ》を守《まも》り、夜《よる》は南門《みなみもん》を固《かた》めた。

壬生浪士組《みぶろうしぐみ》の活躍《かつやく》もあり、この政変《せいへん》は成功《せいこう》。

結局《けっきょく》、戦闘《せんとう》は起《お》こらず、尊王攘夷派《そんのうじょういは》の三条実美《さんじょうさねとみ》ら公家《くげ》七人《にん》が、長州藩《ちょうしゅうはん》の者《もの》たちに守《まも》られながら長州《ちょうしゅう》へと下《くだ》り（七卿落《しちきょうお》ち）、御所《ごしょ》における尊王攘夷派《そんのうじょういは》と公武合体派《こうぶがったいは》の力関係《ちからかんけい》は逆転《ぎゃくてん》した。

壬生浪士組《みぶろうしぐみ》は功績《こうせき》を称《たた》えられ、容保《かたもり》から、

「新選組《しんせんぐみ》」

という新《あたら》しい名《な》を与《あた》えられた。

これは過去《かこ》、会津《あいづ》にあったという「諸芸秀俊《しょげいしゅうしゅん》の子弟《してい》」たちが属《ぞく》した新選組《しんせんぐみ》に由来《ゆらい》する。

「新選組《しんせんぐみ》かあ、かっこいいなあ」

「総司《そうじ》、おまえ、何回見《なんかいみ》てるんだ？」

新《あたら》しくかけ直《なお》した屯所《とんしょ》の表札《ひょうさつ》を、しみじみと見《み》ている沖田《おきた》を土方《ひじかた》がからかっていると、八木家《やぎけ》の子《こ》どもたち——為三郎《ためさぶろう》と勇之進《ゆうのしん》が寄《よ》ってきた。

「ねえねえ、なんて読《よ》むの？」

「これはね、しんせんぐみ、って読《よ》むんだよ」

「ふーん」

「そうだ、みんなでかくれんぼでもしよう！」

「わーい！」

子《こ》ども好《ず》きの沖田《おきた》は、非番《ひばん》のときはこのようによく八木家《やぎけ》や近所《きんじょ》の子《こ》どもたちを集《あつ》めて遊《あそ》んでいた。

近《ちか》くの壬生寺《みぶでら》へと走《はし》って行《い》こうとした沖田《おきた》が、土方《ひじかた》を振《ふ》り返《かえ》る。

「土方《ひじかた》さんも早《はや》く早《はや》く」

「総司《そうじ》、俺《おれ》はいい」

「みんな！　土方《ひじかた》さんが鬼《おに》をやるって！」

「ああ、もう！」

巻《ま》き込《こ》まれたかたちの土方《ひじかた》は、しぶしぶ沖田《おきた》について行《い》く。

振《ふ》り返《かえ》ると、庭先《にわさき》では、お梅《うめ》という芹沢《せりざわ》の女《おんな》が八木家《やぎけ》の女中《じょちゅう》たちとなにやら楽《たの》しげに話《はな》していた。どうせたわいもない世間話《せけんばなし》だろう。

お梅《うめ》は妖艶《ようえん》な美女《びじょ》で、年《とし》の頃《ころ》は二十三、四。もともとは菱屋《ひしや》に囲《かこ》われていた女《おんな》で、菱屋《ひしや》の旦那《だんな》が、芹沢《せりざわ》の買《か》った着物《きもの》のつけを色仕掛《いろじか》けで回収《かいしゅう》しようと何度《なんど》か寄《よ》こすうちに、芹沢《せりざわ》が自分《じぶん》の女《おんな》にしてしまったのだ。

見廻《みまわ》りに出《で》ている芹沢《せりざわ》の帰《かえ》りを待《ま》っているらしいお梅《うめ》を一瞥《いちべつ》した土方《ひじかた》に、

「土方《ひじかた》さんは、ああいう人《ひと》が好《この》みなの？」

と沖田《おきた》が訊《き》いてきた。

「別《べつ》に。俺《おれ》はひとのものに手《て》を出《だ》すほど、女《おんな》には困《こま》っちゃいねえよ」

「あはは、そうだよね。この前《まえ》も恋文《こいぶみ》をいっぱいもらってたもんね」

「総司《そうじ》、おまえも女遊《おんなあそ》びのひとつくらい覚《おぼ》えたらどうだ？」

「私《わたし》は子《こ》どもたちと遊《あそ》んでいるほうが性《しょう》に合《あ》ってますから。はい、じっとして」

寺《てら》の境内《けいだい》に行《い》くとさっそく沖田《おきた》が手《て》ぬぐいを取《と》り出《だ》し、土方《ひじかた》に目隠《めかく》しした。

「いーち、にー、さーん、しー……」

沖田《おきた》が数《かず》を数《かぞ》える声《こえ》を聞《き》きつつ、土方《ひじかた》は頭《あたま》の中《なか》に八木家《やぎけ》の間取《まど》り図《ず》を思《おも》い浮《う》かべる。

決行日《けっこうび》をいつにするかは、まだ決《き》めていないが――。

（できれば、女《おんな》は巻《ま》き込《こ》みたくねえな）

「きゅう、じゅう！」

十《かぞ》を数え終《お》わった沖田《おきた》の声《こえ》とともに、土方《ひじかた》は手《て》ぬぐいを取《と》った。

第《だい》五章《しょう》◆芹沢鴨《せりざわかも》暗殺《あんさつ》

「八月《がつ》十八日《にち》の政変《せいへん》」後《ご》、長州藩士《ちょうしゅうはんし》や倒幕派《とうばくは》の浪士《ろうし》たちが京《きょう》に潜伏《せんぷく》を続《つづ》けたため、新選組《しんせんぐみ》はそれを取《と》り締《し》まるために奔走《ほんそう》した。

不審《ふしん》な者《もの》を捕《と》らえて取《と》り調《しら》べ、不穏《ふおん》な計画《けいかく》や共謀者《きょうぼうしゃ》を白状《はくじょう》させるのが目的《もくてき》だ。

八月《がつ》二十一日《にち》、土方《ひじかた》は長州藩士《ちょうしゅうはんし》・桂小五郎《かつらこごろう》（のちの木戸孝允《きどたかよし》）の捜索《そうさく》に動《うご》き、翌《よく》二十二、二十三日《にち》の両日《りょうじつ》は京都町奉行《きょうとまちぶぎょう》と協力《きょうりょく》し、筑前浪士《ちくぜんろうし》・平野国臣《ひらのくにおみ》の召《め》し捕《と》りに向《む》かった。

残念《ざんねん》ながら桂《かつら》は見《み》つからず、平野《ひらの》も捕《つか》まえることはできなかったが、この御用改《ごようあらた》めで、新選組《しんせんぐみ》は不穏浪士《ふおんろうし》を引《ひ》っ捕《と》らえることができた。

こうして、京《きょう》の治安《ちあん》を守《まも》るために駆《か》けずり回《まわ》る一方《いっぽう》で、土方《ひじかた》たちは芹沢派《せりざわは》の粛清《しゅくせい》に乗《の》り出《だ》すことにし……。

九月十三日《がつにち》、祇園《ぎおん》の貸座敷《かしざしき》・山緒《やまのお》にて、まずは新見錦《にいみにしき》を切腹《せっぷく》に追《お》い込《こ》んだ。新見《にいみ》はたび重《かさ》なる乱暴狼藉《らんぼうろうぜき》のため、このときは平隊士《ひらたいし》にまで落《お》ちており、芹沢鴨《せりざわかも》もすでに見放《みはな》していたが、これは芹沢《せりざわ》をはじめとする一派《いっぱ》を一掃《いっそう》するための布石《ふせき》であった。

◆◆◆

新見切腹《にいみせっぷく》の三日後《みっかご》――九月十六日《がつにち》。

秋《あき》の雨《あめ》が激《はげ》しく降《ふ》る晩《ばん》のことであった。

「八月十八日《がつにち》の政変《せいへん》」の慰労会《いろうかい》が島原《しまばら》の遊郭《ゆうかく》・角屋《すみや》で催《もよお》されていた。

「いやあ、それにしても、あの日《ひ》の芹沢《せりざわ》さんの迫力《はくりょく》はすごかったですね」

同《おな》じ神道無念流《しんとうむねんりゅう》ということもあり、近藤派《こんどうは》の中《なか》では芹沢《せりざわ》と親《した》しい永倉新八《ながくらしんぱち》がしきりに感心《かんしん》し、酒《さけ》を勧《すす》める。

「ははは、会津《あいづ》のやつら、顔《かお》を真《ま》っ赤《か》にしてやがったよなあ」

酒《さけ》で真《ま》っ赤《か》になった芹沢《せりざわ》は、鉄扇《てっせん》を広《ひろ》げて顔《かお》をあおぎ、

「尽忠報国之士芹沢鴨《じんちゅうほうこくのしせりざわかも》」

と彫《ほ》られた文字《もじ》を、これみよがしにみんなに見《み》せつける。

もともと勤王派《きんのうは》の芹沢《せりざわ》は、かの政変《せいへん》で御所《ごしょ》の警護《けいご》についたことを誇《ほこ》りに思《おも》っていた。

(永倉《ながくら》くん、いいぞ。もっと酔《よ》わせてくれ)

土方《ひじかた》は盃《さかずき》を傾《かたむ》け、自身《じしん》も酔《よ》ったふりをする。

今夜《こんや》が決行《けっこう》のとき――。

永倉《ながくら》は土方《ひじかた》たちが帯《お》びた密命《みつめい》を知《し》らないし、土方《ひじかた》たちも知《し》らせるつもりはない。

土方《ひじかた》、山南敬助《さんなんけいすけ》、沖田総司《おきたそうじ》、原田左之助《はらださのすけ》と四人《にん》で行《おこな》うつもりだ。

酔《よ》った芹沢《せりざわ》はいつものように手拍子《てびょうし》をはじめ、烈公《れっこう》と称《しょう》された前水戸藩主《ぜんみとはんしゅ》・徳川斉昭《とくがわなりあき》が詠《よ》んだ歌《うた》を歌《うた》った。

いざさらば　我《われ》も波間《なみま》に　こぎ出《い》でて
あめりか船《せん》を　うちやはらわん

歌《うた》い終《お》わった芹沢《せりざわ》は近藤派《こんどうは》の面々《めんめん》に、閉《と》じた鉄扇《てっせん》の先《さき》を向《む》けた。

「おら、おまえらもなんか歌《うた》え！」

すると、沖田《おきた》が土方《ひじかた》に水《みず》を向《む》けた。

「土方《ひじかた》さん、そういえば、前《まえ》に日野《ひの》の彦五郎《ひごごろう》さんに聞《き》いたんだけど、餅《もち》つきのとき、おもしろい踊《おど》りをしたんだって？　それ、見《み》せてくださいよ」

「おう、いいな！」

酔《よ》った芹沢《せりざわ》が、鉄扇《てっせん》をひらひらさせて土方《ひじかた》を促《うなが》す。

「ったく……源《げん》さん、お願《ねが》いします」

土方《ひじかた》が立《た》ち上《あ》がり、同《おな》じ多摩《たま》郡出身《ごおりしゅっしん》の井上源三郎《いのうえげんざぶろう》を見《み》ると、

「では、みなさん、お手《て》を拝借《はいしゃく》。はあ〜っ、よいしょ！」

源三郎《げんざぶろう》が音頭《おんど》を取《と》る。

近藤勇《こんどういさみ》もなつかしそうに目《め》を細《ほそ》め、手拍子《てびょうし》し、左之助《さのすけ》も乗《の》ってきて、杵《きね》で餅《もち》をつく真似《まね》

をはじめた。

土方《ひじかた》は餅《もち》をこねる真似《まね》をしつつ、合間《あいま》におどけた顔《かお》をする。

「わっはっはっは！」

広間《ひろま》には笑《わら》いがあふれ、芸妓《げいぎ》が三味線《しゃみせん》を取《と》り、皆《みな》の手拍子《てびょうし》に合《あ》わせて演奏《えんそう》すると、藤堂《とうどう》平助《へいすけ》や沖田《おきた》も踊《おど》りはじめた。

そうして宴《えん》もたけなわになった頃《ころ》、平隊士《ひらたいし》のひとりが芹沢《せりざわ》に近《ちか》づき、

「芹沢《せりざわ》さん、お梅《うめ》さんが八木家《やぎけ》に来《き》ているそうですよ」

と耳打《みみう》ちした。

お梅《うめ》にほれ込《こ》んでいる芹沢《せりざわ》は、この報《しら》せを引《ひ》き揚《あ》げどきにして、

「そろそろ帰《かえ》るか」

と駕籠《かご》を呼《よ》ぶ。

しこたま飲《の》んで酔《よ》っ払《ぱら》った芹沢《せりざわ》が重《おも》い身体《からだ》を引《ひ》きずるように立《た》ち上《あ》がると、平間重助《ひらまじゅうすけ》と平山五郎《ひらやまごろう》もともに、雨《あめ》の中《なか》、角屋《すみや》をあとにした。

「ふー……」

踊《おど》り疲《つか》れた土方《ひじかた》が席《せき》に戻《もど》ると、山南《さんなん》が酒《さけ》を注《そそ》いだ。

互《たが》いに口《くち》に出《だ》さず、目《め》と目《め》でうなずき合《あ》う。

（やはり今夜《こんや》だ）

外《そと》は雨《あめ》。

密《ひそ》かに事《こと》を運《はこ》ぶには適《てき》している。

土方《ひじかた》は盃《さかずき》の酒《さけ》を一気《いっき》にあおった。


しばらくして、八木邸《やぎてい》にそろって帰《かえ》ってきた芹沢《せりざわ》たちは、ぐでんぐでんに酔《よ》っ払《ぱら》った様子《ようす》で、足《あし》をもつれさせながら家《いえ》の中《なか》に入《はい》った。

「お梅《うめ》、いるのかあ？　戻《もど》ったぞ」

「あらいやだ、ずいぶんとお酒臭《さけくさ》いこと。吉栄《きちえい》さん、糸里《いとさと》さん、あんたらの旦那《だんな》さんもお帰《かえ》りになりましたよ」

出迎《でむか》えたお梅《うめ》が、奥《おく》で寝《ね》ながら待《ま》っていたらしい平山《ひらやま》と平間《ひらま》の女《おんな》に声《こえ》をかけながら、芹《せり》沢《ざわ》を支《ささ》え、突《つ》き当《あ》たりの十畳間《じょうま》へと向《む》かう。

平間《ひらま》は普段《ふだん》からあまり深酒《ふかざけ》をしないので、たいして酔《よ》っていなかったが、平山《ひらやま》などは玄《げん》関先《かんさき》で寝《ね》てしまい、八木家《やぎけ》の下男《げなん》たちが担《かつ》いで奥《おく》へ運《はこ》ぶという有様《ありさま》だった。

雨《あめ》はいっこうにやむ気配《けはい》がなく、日付《ひづけ》もそろそろ変《か》わろうという頃《ころ》――。

こっそりと八木邸《やぎてい》へ様子《ようす》を見《み》に行《い》った土方《ひじかた》は、前川邸《まえかわてい》に戻《もど》った。八木邸《やぎてい》から前川邸《まえかわてい》はたいして離《はな》れていないが、土方《ひじかた》はびしょ濡《ぬ》れだ。

「土方《ひじかた》くん、ご苦労様《くろうさま》です。して、芹沢《せりざわ》たちは？」

山南《さんなん》が問《と》い、

「玄関《げんかん》から奥《おく》の突《つ》き当《あ》たりの十畳《じょう》に芹沢《せりざわ》と平山《ひらやま》、重助《じゅうすけ》はちょっと見当《みあ》たらなかったが、別《べつ》の部屋《へや》に女《おんな》と寝《ね》ているはずだ」

と言《い》って、土方《ひじかた》はさらに詳《くわ》しく説明《せつめい》する。

十畳《じょう》の部屋《へや》には、芹沢《せりざわ》とお梅《うめ》が縁側《えんがわ》に近《ちか》い障子《しょうじ》のそばで、屏風《びょうぶ》で仕切《しき》った南側《みなみがわ》に平山《ひらやま》と吉栄《きちえい》が寝《ね》ている。

雨《あめ》のうっとうしい夜《よる》で、雨戸《あまど》など締《し》め切《き》ってはいないから侵入《しんにゅう》しやすい。さらに、今夜《こんや》は八木家《やぎけ》の主《あるじ》・源之丞《げんのじょう》が留守《るす》だ。

「子《こ》どもたちと女将《おかみ》さんは隣《となり》の部屋《へや》で寝《ね》ているから、そうっとな」

土方《ひじかた》の言葉《ことば》に、すでに支度《したく》を終《お》えていた山南《さんなん》、沖田《おきた》、左之助《さのすけ》がうなずいた。

芹沢《せりざわ》を襲《おそ》うのは、土方《ひじかた》と沖田《おきた》。

平山《ひらやま》と平間《ひらま》は、山南《さんなん》と左之助《さのすけ》が、とすでに分担《ぶんたん》を決《き》めてある。

斎藤一《さいとうはじめ》や永倉《ながくら》、平助《へいすけ》や源三郎《げんざぶろう》はまだ角屋《すみや》から戻《もど》っていない。もちろん他《ほか》の隊士《たいし》たちにも秘密《ひみつ》だ。

「歳《とし》、頼《たの》むな」

「ああ、大将《たいしょう》はどっしりと本陣《ほんじん》で構《かま》えていてくれ」

万一《まんいち》のときのことを考《かんが》え、近藤《こんどう》は残《のこ》ることになっていた。

「酒《さけ》に酔《よ》っているとはいえ、剣《けん》を取《と》ればやつは強《つよ》い。皆《みな》、油断《ゆだん》するな」

近藤《こんどう》に見送《みおく》られ、土方《ひじかた》たち四人《にん》は雨《あめ》の中《なか》、素早《すばや》く八木邸《やぎてい》へと移動《いどう》した。

玄関《げんかん》に飛《と》び込《こ》むと、奥《おく》のほうから芹沢《せりざわ》らしき大《おお》きないびきが聞《き》こえてくる。

土方《ひじかた》たちは抜刀《ばっとう》し、左之助《さのすけ》は槍《やり》を構《かま》えた。

(行《い》くぞ!)

うなずき合《あ》い、四人《にん》は奥《おく》の十畳間《じょうま》へと走《はし》る。

まずは、ぐうぐう寝《ね》ている平山《ひらやま》の胸《むね》に左之助《さのすけ》が槍《やり》を突《つ》き刺《さ》し、山南《さんなん》が首《くび》を落《お》とす。一緒《いっしょ》に寝《ね》ていたはずの吉栄《きちえい》という女《おんな》は便所《べんじょ》にでも立《た》っていたのか、ここにはいなかった。

ふたりは続《つづ》けて平間《ひらま》を仕留《しと》めるべく、他《ほか》の部屋《へや》を捜索《そうさく》する。

その間《あいだ》に、土方《ひじかた》と沖田《おきた》は屏風《びょうぶ》を蹴《け》り倒《たお》し、その上《うえ》から下《した》に寝《ね》ているであろう芹沢《せりざわ》めがけて刀《かたな》を突《つ》き刺《さ》した！

が――。

「うっ……」

女《おんな》の細《ほそ》い声《こえ》が聞《き》こえた。お梅《うめ》だ。

(仕損《しそん》じたか！)

土方《ひじかた》と沖田《おきた》が屏風《びょうぶ》を払《はら》いのけると、浴衣《ゆかた》を血《ち》に染《そ》めたお梅《うめ》が絶命《ぜつめい》しており、布団《ふとん》から這《は》い出《だ》した芹沢《せりざわ》が、枕元《まくらもと》に置《お》いてあった鹿角《しかづの》の刀掛《かたなか》けに手《て》を伸《の》ばし、愛刀《あいとう》を手《て》にしたところだった。

「……誰《だれ》だ？」

外《そと》で雷鳴《らいめい》が轟《とどろ》き、青白《あおじろ》い光《ひかり》が部屋《へや》の中《なか》を一瞬《いっしゅん》、照《て》らす。

寝込《ねこ》みを襲《おそ》われた芹沢《せりざわ》が見《み》たのは、土方《ひじかた》と沖田《おきた》だ。

「おまえらか。新見《にいみ》がやられたときから、薄々《うすうす》、こうなるんじゃねえかと思《おも》っていたぜ」

芹沢《せりざわ》は刀《かたな》を杖《つえ》にして身《み》を起《お》こし、

「近藤《こんどう》くんはいねえのかい？」

「ああ、こんな汚《よご》れ仕事《しごと》をあの人《ひと》にさせるわけにはいかないからな」

「汚《よご》れ仕事《しごと》か……俺《おれ》も落《お》ちたもんだな」

「俺《おれ》はあの人《ひと》を、誰《だれ》よりも武士《ぶし》らしい武士《ぶし》にすると決《き》めたんだ！」

土方《ひじかた》が叫《さけ》んだ瞬間《しゅんかん》、芹沢《せりざわ》は刀掛《かたなか》けをつかんで沖田《おきた》に向《む》かって投《な》げた。近藤派《こんどうは》ではいちばんの腕《うで》ききの沖田《おきた》の動《うご》きを、まずは止《と》めようとしたのだ。

「——っ！」

沖田《おきた》が避《よ》けると同時《どうじ》に、土方《ひじかた》が芹沢《せりざわ》に一太刀《ひとたち》浴《あ》びせる！

が、酔《よ》っているとはいえ、芹沢《せりざわ》もたいしたもので、素早《すばや》く抜《ぬ》いた刀《かたな》でそれを受《う》け止《と》めた。

「まだまだだな！」

「ぐっ……」

ギリギリとふたりの刀《かたな》が押《お》し合《あ》う。

「総司《そうじ》、やれ！」

土方《ひじかた》が芹沢《せりざわ》を引《ひ》きつけている間《あいだ》に、沖田《おきた》が腹《はら》にずぶりとやった。

「う……っ！」

芹沢《せりざわ》はよろけ、床の間《とこのま》の柱《はしら》に背中《せなか》を打《う》ちつける。

すかさず土方《ひじかた》が芹沢《せりざわ》に小手《こて》を食《く》らわせ、刀《かたな》を取《と》り落《お》とした芹沢《せりざわ》は逃《に》げようとしたが、その首《くび》から背中《せなか》にかけて、土方《ひじかた》がばっさりと斬《き》りつけた。

斬《き》られながらもなお逃《に》げようとする芹沢《せりざわ》は縁側《えんがわ》に転《ころ》げ出《で》て、隣《となり》の部屋《へや》に入《はい》ろうとする。

そこは子《こ》どもたちが寝《ね》ている部屋《へや》だ。

(子《こ》どもたちを巻《ま》き込《こ》むわけにはいかない！)

素早《すばや》く追《せま》った沖田《おきた》が芹沢《せりざわ》の背中《せなか》に斬《き》りつけようとしたが、鴨居《かもい》に刀《かたな》の刃《は》が当《あ》たり、一呼吸遅《ひとこきゅうおく》れてしまった。

が、幸運《こううん》と言《い》おうか、部屋《へや》の入《い》り口《ぐち》に文机《ふづくえ》があったため、芹沢《せりざわ》はそれに足《あし》を取《と》られて、前《まえ》のめりに倒《たお》れてしまった。

「芹沢《せりざわ》、覚悟《かくご》！」

叫《さけ》ぶと同時《どうじ》に、土方《ひじかた》がうつぶせになった芹沢《せりざわ》の背《せ》に刀《かたな》を刺《さ》す。

ふたたび雷鳴《らいめい》が轟《とどろ》き、芹沢《せりざわ》の大《おお》きな身体《からだ》が闇《やみ》の中《なか》で浮《う》かび上《あ》がった。

あたりはまさしく血《ち》の海《うみ》だ。

激《はげ》しい雨《あめ》の中《なか》、騒《さわ》ぎに目《め》を覚《さ》ました女将《おかみ》さんが、

「目《め》ェ覚《さ》まして！　早《はや》く！」

子《こ》どもたちを起《お》こそうとする声《こえ》がする。

血《ち》まみれの姿《すがた》を見《み》られてはまずい。

「……行《い》くぞ」

土方《ひじかた》と沖田《おきた》は玄関《げんかん》に回《まわ》り、門《もん》へと走《はし》った。

その途中《とちゅう》で山南《さんなん》と左之助《さのすけ》が合流《ごうりゅう》する。

血《ち》にまみれた刀《かたな》を見《み》て、山南《さんなん》が襲撃《しゅうげき》の成功《せいこう》を確信《かくしん》し、うなずいた。

「ふたりとも、ご苦労様《くろうさま》でした」

「そっちはどうだ？」

「平間《ひらま》は見《み》つかんなかった。どさくさにまぎれて女《おんな》と逃《に》げたかもな」

左之助《さのすけ》が槍《やり》を下《お》ろし、舌打《したう》ちする。

「とにかく戻《もど》りましょう」

山南《さんなん》が言《い》い、四人《にん》は雨《あめ》の中《なか》を前川邸《まえかわてい》へと走《はし》った。

襲撃《しゅうげき》の二日後《ふつかご》——。

前川邸《まえかわてい》で芹沢《せりざわ》と平山《ひらやま》の葬儀《そうぎ》が盛大《せいだい》に行《おこな》われた。

ふたりの身体《からだ》には白《しろ》い木綿《もめん》が巻《ま》かれ、その上《うえ》から紋付《もんつ》きの羽織《はおり》と袴《はかま》を着《き》せ、腰《こし》には木刀《ぼくとう》を差《さ》した姿《すがた》で棺《ひつぎ》に納《おさ》められていた。

この棺《ひつぎ》を蔵《くら》の前《まえ》に安置《あんち》し、新選組一同《しんせんぐみいちどう》が集《あつ》まったのである。

近藤《こんどう》や土方《ひじかた》たちは芹沢《せりざわ》の死《し》の真相《しんそう》は他言《たごん》しなかったので、表向《おもてむ》きには「病死《びょうし》」ということにしてあったが、

「長州《ちょうしゅう》の刺客《しかく》にやられたらしいぞ」

「酔《よ》っていたとはいえ、あの芹沢先生《せりざわせんせい》を殺《や》ったんだ。かなりの使《つか》い手《て》だな」

と永倉《ながくら》や隊士《たいし》たちは皆《みな》、口々《くちぐち》に噂《うわさ》した。

長州《ちょうしゅう》の刺客《しかく》、とは土方《ひじかた》たちが故意《こい》に流《なが》した噂《うわさ》だ。

近藤《こんどう》は奉書紙《ほうしょがみ》に書《か》いた弔辞《ちょうじ》を、厳《おごそ》かに読《よ》みあげた。

「芹沢先生《せりざわせんせい》は尽忠報国《じんちゅうほうこく》の士《し》として名高《なだか》く、京《きょう》へともに出《で》てきた我《われ》らを導《みちび》き――」

残暑《ざんしょ》の太陽《たいよう》が、棺《ひつぎ》の上《うえ》に置《お》かれた鉄扇《てっせん》に反射《はんしゃ》し、まぶしくきらめいた。

第六章《だいしょう》◆池田屋事件《いけだやじけん》

芹沢鴨暗殺後《せりざわかもあんさつご》にひとり残《のこ》っていた芹沢派《せりざわは》の野口健司《のぐちけんじ》が、局中法度《きょくちゅうはっと》を破《やぶ》った咎《とが》で十二月《がつ》に切腹《せっぷく》。

こうして芹沢派《せりざわは》を一掃《いっそう》した近藤勇《こんどういさみ》が新選組《しんせんぐみ》の実権《じっけん》を握《にぎ》り、新《あたら》しい体制《たいせい》が作《つく》られた。

局長《きょくちょう》　近藤勇《こんどういさみ》
副長《ふくちょう》　山南敬助《さんなんけいすけ》　土方歳三《ひじかたとしぞう》

以下《いか》、副長助勤《ふくちょうじょきん》には沖田総司《おきたそうじ》を筆頭《ひっとう》に、試衛館《しえいかん》の面々《めんめん》や壬生浪士組時代《みぶろうしぐみじだい》に参入《さんにゅう》した者《もの》たちなどが名《な》を連《つら》ね、副長助勤《ふくちょうじょきん》の下《した》に平隊士《ひらたいし》が組《く》み込《こ》まれた。

年《とし》が明《あ》け、文久《ぶんきゅう》四年《ねん》（一八六四年《ねん》）一月《がつ》、新選組《しんせんぐみ》は二度目《にどめ》の上洛《じょうらく》をする将軍《しょうぐん》・家茂《いえもち》の警護《けいご》を願《ねが》い出《で》て、これに就《つ》いた。

昨年《さくねん》の政変以来《せいへんいらい》、長州《ちょうしゅう》の浪士《ろうし》たちが、自分《じぶん》たちを追《お》い落《お》とした薩摩《さつま》や会津《あいづ》に報復《ほうふく》しようと、続々《ぞくぞく》と京《きょう》に集《あつ》まり、潜伏《せんぷく》していたからである。彼《かれ》らは「薩摩《さつま》、会津憎《あいづにく》し」の気持《きも》ちを「薩賊会奸《さつぞくかいかん》」と表《あらわ》し、その四文字《もじ》を下駄《げた》の裏《うら》に墨書《すみが》きして踏《ふ》みつけて歩《ある》いていた。

そんな情勢《じょうせい》の中《なか》、新選組《しんせんぐみ》にとって衝撃的《しょうげきてき》なことが起《お》こった。

二月《がつ》に入《はい》ってから、松平容保《まつだいらかたもり》が京都守護職《きょうとしゅごしょく》から軍事総裁職《ぐんじそうさいしょく》への転任《てんにん》を命《めい》じられたのだ。

後任《こうにん》には、越前《えちぜん》の前藩主《ぜんはんしゅ》で幕政《ばくせい》の重鎮《じゅうちん》・松平春嶽《まつだいらしゅんがく》が当《あ》たることになったが――。

「春嶽公《しゅんがくこう》は名君《めいくん》と名高《なだか》いが、理屈《りくつ》ばかりでいけない」

「今《いま》、緊迫《きんぱく》した京《きょう》の情勢《じょうせい》に当《あ》たるにふさわしいのは、容保公《かたもりこう》をおいて他《ほか》にはいない！」

中《なか》には春嶽《しゅんがく》に天誅《てんちゅう》を加《くわ》えるとまで言《い》い出《だ》す者《もの》も現《あらわ》れ、近藤勇《こんどういさみ》は新選組《しんせんぐみ》が引《ひ》き続《つづ》き、容保《かたもり》の配下《はいか》でいられるよう幕府《ばくふ》に嘆願書《たんがんしょ》を出《だ》した。

これは聞《き》き届《とど》けられ、新選組《しんせんぐみ》にとって幸《さいわ》いなことに、春嶽《しゅんがく》は元号《げんごう》が元治元年《げんじがんねん》と改《あらた》まったあとの四月五日《がついつか》に京都守護職《きょうとしゅごしょく》を辞任《じにん》し、後任《こうにん》にはふたたび容保《かたもり》が就《つ》いたのである。

「容保公《かたもりこう》の下《した》だからこそ、俺《おれ》たちは存分《ぞんぶん》に働《はたら》けるというものだ」

と、新選組《しんせんぐみ》の皆《みな》は一様《いちよう》に安堵《あんど》した。

そして、四月《がつ》十一日《にち》には京都所司代《きょうとしょしだい》に容保《かたもり》の実弟《じってい》で桑名藩主《くわなはんしゅ》の松平定敬《まつだいらさだあき》が就《つ》き、これに禁裏御守衛総督《きんりごしゅえいそうとく》の一橋慶喜《ひとつばしよしのぶ》（のちの第《だい》十五代将軍《だいしょうぐん》・徳川慶喜《とくがわよしのぶ》）を加《くわ》えた、いわゆる「一会《いちかい》桑《そう》」が京《きょう》における幕府側《ばくふがわ》の政治勢力《せいじせいりょく》となった。

同《おな》じ月《つき》の二十二日《にち》のことである。

松原通東木屋町《まつばらどおりひがしきやまち》のあたりで火事《かじ》が起《お》きた。

出動《しゅつどう》した新選組《しんせんぐみ》は火災現場《かさいげんば》で不審人物《ふしんじんぶつ》を捕《と》らえ、それにより長州《ちょうしゅう》が二百五十名《めい》から三百名《めい》もの過激派《かげきは》を京《きょう》や大坂《おおさか》へ送《おく》り込《こ》んでいることがわかった。

「長州《ちょうしゅう》のやつら、京《きょう》で暴《あば》れるつもりか?」

「そもそも幕府《ばくふ》がなかなか攘夷《じょうい》を実行《じっこう》しないから、こんなことになるんだ」

近藤《こんどう》は尊王攘夷派《そんのうじょういは》ではあるが、それはあくまでも、

「天皇《てんのう》をお支《ささ》えする幕府《ばくふ》が外敵《がいてき》を追《お》い払《はら》うべきだ」

という左幕《さばく》寄《よ》りな考《かんが》えで、「天皇《てんのう》をあおぎ、幕府《ばくふ》を倒《たお》して攘夷《じょうい》をなす」という反幕《はんばく》の長州《ちょうしゅう》とはまったく違《ちが》う。

この頃《ころ》、尊王攘夷思想《そんのうじょういしそう》に惹《ひ》かれて新選組《しんせんぐみ》に入隊《にゅうたい》した者《もの》たちの中《なか》には、「自分《じぶん》の考《かんが》えと相反《あいはん》する」として脱走者《だっそうしゃ》が多《おお》く出《で》ていた。彼《かれ》らは反幕《はんばく》の尊王攘夷派《そんのうじょういは》だったのだ。

こうした悩《なや》ましい状況《じょうきょう》の中《なか》、六月《がつ》に入《はい》ってから、新選組《しんせんぐみ》の名《な》が世間《せけん》に轟《とどろ》くことになる出来事《できごと》が起《お》こる。

後世《こうせい》まで語《かた》り継《つ》がれる、「池田屋事件《いけだやじけん》」だ。

◆◆◆

六月五日《がついつか》、早朝《そうちょう》。

副長助勤《ふくちょうじょきん》のひとり、武田観柳斎《たけだかんりゅうさい》ら七名《めい》が薪炭商《しんたんしょう》を営《いとな》む枡屋喜右衛門《ますやきえもん》という三十過《す》ぎの男《おとこ》を捕《つか》まえ、屯所《とんしょ》へ連行《れんこう》してきた。

商売《しょうばい》っ気《け》はなく、町内《ちょうない》のつき合《あ》いもないという。独《ひと》り身《み》なのに家《いえ》は不必要《ふひつよう》に広《ひろ》い。これは怪《あや》しいとにらんで家《いえ》を捜索《そうさく》すると、武器弾薬《ぶきだんやく》や密書《みっしょ》が次々《つぎつぎ》と発見《はっけん》された。

「おまえ、本名《ほんみょう》は古高俊太郎《ふるたかしゅんたろう》ってんだろ?」

「私《わたし》は確《たし》かに古高《ふるたか》だが、武器《ぶき》は私《わたし》のじゃない。置《お》かせてくれと頼《たの》まれただけだ!」

古高《ふるたか》はぬけぬけと、自《みずか》らは潔白《けっぱく》だと言《い》い張《は》る。

「ならば、武器《ぶき》を置《お》いていったのは誰《だれ》だ?」

「知《し》らん」

「どこの誰《だれ》とも知《し》らねえやつから、武器《ぶき》を預《あず》かったたっていうのか⁉ そんな話《はなし》、信《しん》じられるわけないだろう!」

しかし、背中《せなか》の皮《かわ》が剝《む》けるほど叩《たた》かれても、古高《ふるたか》はなかなか口《くち》を割《わ》らない。

そこで、業《ごう》を煮《に》やした土方《ひじかた》が尋問《じんもん》することにした。

「俺《おれ》は新選組副長《しんせんぐみふくちょう》、土方歳三《ひじかたとしぞう》だ」

「なんだ、いちばん偉《えら》いやつじゃないのかい」

馬鹿《ばか》にしたように笑《わら》った古高《ふるたか》を、土方《ひじかた》は冷《つめ》たい目《め》で見下《みお》ろした。

「――やれ」

土方《ひじかた》は部下《ぶか》たちに命《めい》じて古高《ふるたか》を逆《さか》さ吊《づ》りにし、足《あし》の裏《うら》に五寸釘《ごすんくぎ》を打《う》ち、ろうそくを立《た》てて火《ひ》をつけた。

「ぐぅあああ……っ」

みっともない悲鳴《ひめい》は上《あ》げるまいと、古高《ふるたか》は唇《くちびる》を強《つよ》く嚙《か》み、苦痛《くつう》に耐《た》える。

頭《あたま》に血《ち》が上《のぼ》る。足《あし》は激痛《げきつう》が走《はし》る上《うえ》に、蠟《ろう》がたらたらと、ふくらはぎまで垂《た》れてきて熱《あつ》い。

「……あ、あんた、鬼《おに》だな……」

「そうか？　苦痛《くつう》を短《みじか》くしてやろうとしてるんだ。おまえだって、二日《ふつか》も三日《みっか》も殴《なぐ》られたくはねえだろう？」

古高《ふるたか》は半刻《はんとき》ほどしてから、ようやく口《くち》を割《わ》った。

それは恐《おそ》るべき計画《けいかく》だった。

祇園祭《ぎおんまつり》が終《お》わったのち、強風《きょうふう》の日《ひ》を選《えら》んで御所《ごしょ》の風上《かざかみ》に火《ひ》をつけ、その騒《さわ》ぎに乗《じょう》じて公《こう》武合体派《ぶがったいは》の公家《くげ》や容保《かたもり》を暗殺《あんさつ》し、孝明天皇《こうめいてんのう》を長州《ちょうしゅう》へ連《つ》れ出《だ》す。


――というものだったのである。

土方《ひじかた》はただちに、近藤《こんどう》や他《ほか》の幹部《かんぶ》たちに報告《ほうこく》した。

「歳《とし》、よくやった」

「畏《おそ》れ多《おお》くも、天皇《てんのう》を長州《ちょうしゅう》へ連《つ》れ去《さ》ろうとは――」

「ああ、長州《ちょうしゅう》のやつら、とんでもねえこと考《かんが》えやがる」

「祇園祭《ぎおんまつり》は二日後《ふつかご》だぞ⁉」

新選組《しんせんぐみ》では尋問《じんもん》と同時《どうじ》に密書《みっしょ》の点検《てんけん》も行《おこな》っていたのだが、その中《なか》から「烈風《れっぷう》の日《ひ》を選《えら》んで事《こと》を起《お》こす」などの文面《ぶんめん》が見《み》つかった。裏付《うらづ》けが取《と》れたのだ。

と、そこへ別《べつ》の報《しら》せが入《はい》った。古高捕縛《ふるたかほばく》後《ご》、封印《ふういん》した枡屋《ますや》の土蔵《どぞう》を何者《なにもの》かが襲《おそ》い、武具《ぶぐ》などが奪《うば》われたという。

「今夜《こんや》あたり、なにかが起《お》こるに違《ちが》いない」

「古高《ふるたか》が捕《と》らえられたことで、敵《てき》はすぐにでも善後策《ぜんごさく》を立《た》てねばならないからな」

土方《ひじかた》たちは古高《ふるたか》を会津藩《あいづはん》に引《ひ》き渡《わた》すと同時《どうじ》に、事《こと》の次第《しだい》を報告《ほうこく》し、会津藩《あいづはん》をはじめとする京《きょう》の警備《けいび》に当《あ》たっている諸藩《しょはん》の出動《しゅつどう》を求《もと》めた。

新選組《しんせんぐみ》も急《いそ》ぎ支度《したく》をし、武具《ぶぐ》を身《み》に着《つ》ける。

奥《おく》からふらふらと出《で》てきた山南敬助《さんなんけいすけ》を、沖田《おきた》が見《み》とがめた。

「山南《さんなん》さん、寝《ね》ててください。私《わたし》が山南《さんなん》さんの分《ぶん》も働《はたら》きますから」

「ですが……ごほっ、ごほっ」

「ほら、言《い》わんこっちゃない」

沖田《おきた》が山南《さんなん》の背《せ》をさすっていると、土方《ひじかた》もそばに来《き》た。

「山南《さんなん》さん、あんたは寝《ね》てろ。そんな身体《からだ》で来《こ》られても邪魔《じゃま》なだけだ」

山南《さんなん》は今年《ことし》の初《はじ》め、近藤《こんどう》とともに、とある商家《しょうか》に押《お》し入《い》った浪士《ろうし》を捕《と》らえようとしたのだが、乱戦《らんせん》の最中《さいちゅう》に刀《かたな》が折《お》れ、敵《てき》に斬《き》られてしまったのだ。手当《てあ》てはしたのだが、その傷《きず》がだんだん悪化《あっか》し、近頃《ちかごろ》の夏負《なつま》けもあって寝込《ねこ》んでいたのである。

「もう、土方《ひじかた》さんは冷《つめ》たいんだから。山南《さんなん》さん、土方《ひじかた》さんはね、本当《ほんとう》はこう言《い》っているんですよ。副長《ふくちょう》として屯所《とんしょ》の守《まも》りをお願《ねが》いしたいってね」

沖田《おきた》のやさしさに、山南《さんなん》がふっと微笑《ほほえ》む。

「……わかりました。私《わたし》はここで待機《たいき》しています。みなさん、ご武運《ぶうん》を」


屯所《とんしょ》に山南以下《さんなんいか》、山崎烝《やまざきすすむ》、尾関雅次郎《おぜきまさじろう》ら六名《めい》の隊士《たいし》を残《のこ》し、新選組《しんせんぐみ》三十四名《めい》が出動《しゅつどう》した。

諸藩《しょはん》の隊《たい》とは祇園会所《ぎおんかいしょ》に集《あつ》まることになったが――。

しかし、集合《しゅうごう》の時間《じかん》になっても来《く》る気配《けはい》がない。

「事《こと》は急《きゅう》を要《よう》する。二手《ふたて》に分《わ》かれよう」

近藤《こんどう》は隊《たい》をふたつに分《わ》けた。

近藤隊《こんどうたい》十名《めい》は鴨川《かもがわ》の西岸《せいがん》、木屋町通《きやまちどおり》を北上《ほくじょう》し、土方隊《ひじかたたい》二十四名《めい》は茶屋《ちゃや》の多《おお》い祇園《ぎおん》を含《ふく》む鴨川東岸《かもがわとうがん》の縄手通《なわてどおり》を北上《ほくじょう》することにした。多《おお》くの人数《にんずう》を預《あず》けることで、近藤《こんどう》がいかに土方《ひじかた》を信頼《しんらい》しているかわかる。

「歳《とし》、頼《たの》む」

「ああ、なにかあればすぐに知《し》らせる」

近藤《こんどう》と土方《ひじかた》は、それぞれの方向《ほうこう》に分《わ》かれた。

土方《ひじかた》はさらに隊《たい》を井上源三郎《いのうえげんざぶろう》以下《いか》十一名《めい》、松原忠司《まつばらちゅうじ》以下《いか》十二名《めい》のふたつに分《わ》けた。怪《あや》しいと感《かん》じればすぐさま御用改《ごようあらた》めを行《おこな》い、しらみつぶしに当《あ》たっていく。

亥《い》の刻《こく》（午後十時《ごごじ》）頃《ごろ》、近藤隊《こんどうたい》が三条小橋《さんじょうこばし》付近《ふきん》にさしかかった。

近藤《こんどう》は、とある旅宿《たびやど》を見上《みあ》げた。

木屋町三条《きやまちさんじょう》の池田屋《いけだや》である。

二階《かい》では酒宴《しゅえん》を催《もよお》しているらしく、にぎやかな声《こえ》がもれ聞《き》こえてくる。聞《き》き耳《みみ》を立《た》てていると、藤堂平助《とうどうへいすけ》がつぶやいた。

「長州《ちょうしゅう》なまりに似《に》ていませんか」

「うむ、怪《あや》しいな」

さっそく使《つか》い番《ばん》を選《えら》び、「土方隊《ひじかたたい》に知《し》らせろ」と走《はし》らせる。

近隣《きんりん》の住民《じゅうみん》から間取《まど》りを聞《き》き込《こ》み、近藤《こんどう》は隊士《たいし》の配置《はいち》を決《き》めた。

観柳斎《かんりゅうさい》ら三人《にん》を表口《おもてぐち》に、他《ほか》三人《にん》を裏口《うらぐち》に回《まわ》らせる。中《なか》にいる浪士《ろうし》たちを逃《に》がさないためだ。

それぞれの配備《はいび》が完了《かんりょう》すると、近藤《こんどう》は沖田《おきた》、永倉新八《ながくらしんぱち》、平助《へいすけ》の三人《にん》に指示《しじ》を出《だ》した。

「私《わたし》と総司《そうじ》は二階《かい》、一階《かい》は永倉《ながくら》くんと平助《へいすけ》にお願《ねが》いする。敵《てき》は大勢《おおぜい》、我々《われわれ》は四人《にん》。捕縛《ほばく》はほぼ無理《むり》だ。逃《に》げる者《もの》は容赦《ようしゃ》なく斬《き》り捨《す》てろ」

近藤《こんどう》の言葉《ことば》に、沖田《おきた》たちはうなずき、覚悟《かくご》を決《き》めた。刀《かたな》の柄《つか》に添《そ》える手《て》に、じっとりと汗《あせ》が滲《にじ》む。

近藤《こんどう》は三人《にん》を引《ひ》き連《つ》れ、池田屋《いけだや》の戸《と》を叩《たた》いた。

「こんな夜分《やぶん》になんでしょうか？」

店《みせ》の主人《しゅじん》が出《で》てきた。新選組《しんせんぐみ》とわかると、顔色《かおいろ》が変《か》わる。

この瞬間《しゅんかん》、「やはりここだ」と近藤《こんどう》は確信《かくしん》した。

「新選組《しんせんぐみ》だ。御用改《ごようあらた》めに参《まい》った。二階《かい》で騒《さわ》いでいるのはどこの者《もの》か？」

「へえ、ちょっとお待《ま》ちを。皆様《みなさま》、旅客改《りょかくあらた》めでございますよ！」

主人《しゅじん》が大《おお》きな声《こえ》で二階《かい》に向《む》かって言《い》うと、便所《べんじょ》に立《た》ったらしい男《おとこ》が二階《かい》から下《した》へ下《お》りてこようとして近藤《こんどう》と目《め》が合《あ》った。

男《おとこ》が顔色《かおいろ》を変《か》えて、即座《そくざ》に「みんな逃《に》げろ！」と叫《さけ》ぶ。

近藤《こんどう》は中《なか》に飛《と》び込《こ》み、

「御用改《ごようあらた》めである！　手向《てむ》かいいたす者《もの》は容赦《ようしゃ》なく斬《き》る！」

と大音声《だいおんじょう》で呼《よ》ばわった。

次の瞬間《しゅんかん》、沖田《おきた》が近藤《こんどう》の脇《わき》をかすめて階段《かいだん》を駆《か》け上《あ》がり、刀《かたな》を抜《ぬ》いた先《さき》ほどの男《おとこ》を斬《き》り捨《す》てた。「ぎゃっ」と悲鳴《ひめい》を上《あ》げ、男《おとこ》は階段《かいだん》をごろごろと転《ころ》げ落《お》ちていく。

落《お》ちた浪士《ろうし》を飛《と》び越《こ》え、近藤《こんどう》は二階《かい》へと上《あ》がった。

「新選組《しんせんぐみ》め！」

廊下《ろうか》に飛《と》び出《だ》してきた浪士《ろうし》が刀《かたな》を振《ふ》りかざして襲《おそ》いかかってきたが、近藤《こんどう》はすぐさま愛《あい》刀《とう》・虎徹《こてつ》を抜《ぬ》き放《はな》ち、一刀《いっとう》のもとに斬《き》り捨《す》てた。

二十数人《すうにん》いた浪士《ろうし》たちの多《おお》くが脱出《だっしゅつ》をはかり、階段《かいだん》から下《した》へ向《む》かう者《もの》もいれば、部屋《へや》という部屋《へや》の窓《まど》から裏庭《うらにわ》や表通《おもてどお》りへと飛《と》び下《お》りる者《もの》もいた。

「うわあ！」

たまたま上《うえ》から落《お》ちてきた敵《てき》を、表口《おもてぐち》を固《かた》めていた観柳斎《かんりゅうさい》が槍《やり》で突《つ》き刺《さ》す。

階下《かいか》に逃《に》げてきた浪士《ろうし》を永倉《ながくら》が追《お》いかけ、平助《へいすけ》も向《む》かってきた敵《てき》と相対《あいたい》する。

「くそっ、暑《あつ》いな……」

京《きょう》の夏《なつ》は暑《あつ》く、夜《よる》も蒸《む》し暑《あつ》い。屋内《おくない》となれば、なおさら暑苦《あつくる》しい。こめかみを汗《あせ》が伝《つた》い、あごから滴《したた》り落《お》ちる。

「近藤《こんどう》さん、二階《かい》はまかせて！」

沖田《おきた》の言葉《ことば》に、近藤《こんどう》が階下《かいか》へ向《む》かう。よほどの信頼《しんらい》がなければできない判断《はんだん》だ。

二階《かい》に残《のこ》った敵《てき》を一手《いって》に引《ひ》き受《う》け、沖田《おきた》は素早《すばや》く得意《とくい》の突《つ》きを繰《く》り出《だ》す。

一階《かい》に下《お》りた近藤《こんどう》は裏口《うらぐち》を固《かた》め、逃《に》げようとする敵《てき》を阻《はば》む。

永倉《ながくら》がひとり斬《き》り伏《ふ》せたとき、

「うっ⁉」

と平助《へいすけ》のうめき声《ごえ》が聞《き》こえた。

「平助《へいすけ》⁉」

平助《へいすけ》は額《ひたい》を斬《き》られ、どくどくと血《ち》を流《なが》していた。真《ま》っ赤《か》な血《ち》が両目《りょうめ》に流《なが》れ込《こ》み、視界《しかい》を奪《うば》われたようだ。あまりの暑《あつ》さに鉢金《はちがね》を取《と》ったのだが、その瞬間《しゅんかん》にやられたのだ。

永倉《ながくら》は平助《へいすけ》を助《たす》けようとするが、敵《てき》は相当《そうとう》な使《つか》い手《て》で、繰《く》り出《だ》す刀《かたな》の切《き》っ先《さき》が胸元《むなもと》を何《なん》度《ど》もかすめ、着物《きもの》の前《まえ》がズタズタに切《き》り裂《さ》かれる。

「永倉《ながくら》くん！」

裏口《うらぐち》の前《まえ》に陣取《じんど》っていた近藤《こんどう》がすっ飛《と》んできて、敵《てき》を後《うし》ろから袈裟《けさ》がけに斬《き》った。右肩《みぎかた》を深々《ふかぶか》とやられ、血煙《ちけむり》を上《あ》げて倒《たお》れた敵《てき》に永倉《ながくら》がとどめの一撃《いちげき》を加《くわ》える。

その際《さい》、勢《いきお》いあまって土間《どま》に刃先《はさき》が当《あ》たり、刀《かたな》がポキリと折《お》れてしまった。永倉《ながくら》はすぐに落《お》ちていた敵《てき》の刀《かたな》を拾《ひろ》ったが、べとべとするのでよく見《み》ると親指《おやゆび》の付《つ》け根《ね》の肉《にく》が切《き》り取《と》られている。

そのとき、上《うえ》から激《はげ》しく咳《せ》き込《こ》む声《こえ》が聞《き》こえた。

「……ごほっ、ごほっ」

「総司《そうじ》⁉」

二階《かい》を見上《みあ》げた近藤《こんどう》と永倉《ながくら》が目《め》をむく。

沖田《おきた》は廊下《ろうか》の手《て》すりにもたれ、口元《くちもと》を手《て》で押《お》さえていた。嫌《いや》な予感《よかん》に近藤《こんどう》と永倉《ながくら》は目《め》を合《あ》わせる。

(まさか……喀血《かっけつ》⁉)

平助《へいすけ》も額《ひたい》を押《お》さえて呻《うめ》いている。

屋内《おくない》に飛《と》び込《こ》んだ四名《めい》のうち、ふたりが戦闘不能状態《せんとうふのうじょうたい》だ。

「永倉《ながくら》くん、総司《そうじ》と平助《へいすけ》を外《そと》へ！」

「あいわかった！」

永倉《ながくら》が刀《かたな》を構《かま》えて敵《てき》を威嚇《いかく》しつつ、平助《へいすけ》を抱《かか》える。

「新選組局長《しんせんぐみきょくちょう》、近藤勇《こんどういさみ》だな」

三人《にん》もの敵《てき》に囲《かこ》まれ、近藤《こんどう》は、じり、と半歩《はんぽ》後《うし》ろに足《あし》を引《ひ》く。

（歳《とし》、早《はや》く来《き》てくれ！）


一方《いっぽう》の土方《ひじかた》は、近藤《こんどう》が走《はし》らせた使《つか》い番《ばん》から報《しら》せを受《う》けるや、池田屋《いけだや》へ急行《きゅうこう》した。

表口《おもてぐち》を固《かた》めていた三人《にん》のうち、観柳斎《かんりゅうさい》ともうひとりの隊士《たいし》が警戒《けいかい》し、もうひとりが血《ち》だらけの平助《へいすけ》と青《あお》い顔《かお》の沖田《おきた》を介抱《かいほう》していた。

魁先生《さきがけせんせい》とあだ名《な》されるほど血気盛《けっきさか》んな平助《へいすけ》と、試衛館一《しえいかんいち》、腕《うで》の立《た》つ沖田《おきた》が戦線離脱《せんせんりだつ》しているのを見《み》て、土方《ひじかた》は屋内《おくない》の激戦《げきせん》ぶりを悟《さと》った。

「総司《そうじ》、平助《へいすけ》、大丈夫《だいじょうぶ》か⁉　井上隊《いのうえたい》は中《なか》へ！」

「はい！」

源三郎《げんざぶろう》と斎藤一《さいとうはじめ》がすぐさま抜刀《ばっとう》し、

「行《い》ってくらあ！」

原田左之助《はらださのすけ》も槍《やり》を手《て》に飛《と》び込《こ》んで行《い》くと、他《ほか》の隊士《たいし》たちも続《つづ》いた。

土方《ひじかた》は残《のこ》った松原隊《まつばらたい》に、

「外《そと》の守《まも》りを固《かた》めろ！　いいか、ひとりも逃《に》がすんじゃねえぞ！　武田《たけだ》くん、君《きみ》たちも中《なか》に行《い》け！」

と表口《おもてぐち》を固《かた》めていた観柳斎《かんりゅうさい》たちにも命《めい》じ、外《そと》へ逃《に》げ出《だ》してきた敵《てき》をひとり斬《き》り捨《す》てた。

そうして捕《と》り物《もの》を繰《く》り広《ひろ》げていると、決着《けっちゃく》がつきかけた頃《ころ》に、やっと会津《あいづ》や桑名《くわな》の兵《へい》たちが現《あらわ》れた。

「今頃《いまごろ》のお出《で》ましかい」

土方《ひじかた》は鋭《するど》い目《め》で兵《へい》たちをにらみつけた。

「もう少《すこ》し早《はや》く来《き》ていたら、加勢《かせい》を願《ねが》い出《で》たところだが……。悪《わる》いが、あんたらはあっちへ行《い》ってくれねえか。俺《おれ》たちが来《く》る前《まえ》に逃《に》げ出《だ》したやつがいたかもしれないからな」

現《げん》に、裏口《うらぐち》を固《かた》めていた隊士《たいし》のひとりが即死《そくし》、ふたりが深《ふか》い傷《きず》を負《お》っている。

中《なか》の浪士《ろうし》が逃《に》げた可能性《かのうせい》も考《かんが》えての言葉《ことば》であったが、土方《ひじかた》は、

（近藤《こんどう》さんの手柄《てがら》を、会津《あいづ》や桑名《くわな》のやつらに横取《よこど》りされてたまるか）

とも考《かんが》えての、とっさの判断《はんだん》だった。

やがて返《かえ》り血《ち》を浴《あ》びまくった近藤《こんどう》が出《で》てくると、土方《ひじかた》が出迎《でむか》えた。

「近藤《こんどう》さん、待《ま》たせたな」

「歳《とし》、遅《おそ》いぞ」

そう言《い》いつつ、近藤《こんどう》は笑《わら》っていた。土方隊《ひじかたたい》の到着《とうちゃく》で、一気《いっき》に形勢《けいせい》が逆転《ぎゃくてん》したので、そのあとは実《じつ》に心強《こころづよ》く戦《たたか》えたからだ。

この池田屋《いけだや》の御用改《ごようあらた》めでは、浪士《ろうし》の討《う》ち取《と》り七名《めい》、手負《てお》い四名《めい》、捕縛《ほばく》二十三名《めい》という大《だい》成果《せいか》を得《え》た。捕縛人数《ほばくにんずう》が多《おお》いのは、土方隊《ひじかたたい》の到着《とうちゃく》とともに、近藤《こんどう》がすぐさま斬《き》り捨《す》てから捕縛《ほばく》に切《き》り替《か》えたからだ。

「しかし、さすがは近藤《こんどう》さんだ。たった四人《にん》であそこまでやるとはな、恐《おそ》れ入《い》ったぜ」

近藤《こんどう》の力《ちから》になれたのはうれしかったが、土方《ひじかた》は近藤《こんどう》とともに剣《けん》を振《ふ》るいたかったと、少《すこ》し悔《くや》しく思《おも》ったのだった。


翌朝《よくあさ》は市街掃討戦《しがいそうとうせん》になった。

町中《まちじゅう》に散《ち》っていた長州《ちょうしゅう》の過激派《かげきは》を追《お》い立《た》て、二十名《めい》ほど捕縛《ほばく》したが、会津《あいづ》は五名《めい》、桑名《くわな》は二名《めい》、彦根《ひこね》は四名《めい》——と、味方《みかた》からも多《おお》くの戦死者《せんししゃ》を出《だ》した。

そうして、二日間《ふつかかん》にわたった戦《たたか》いはようやく終《お》わり……。

昼前《ひるまえ》に、新選組《しんせんぐみ》は隊列《たいれつ》を組《く》み、市中《しちゅう》から引《ひ》き揚《あ》げていった。

往来《おうらい》には大勢《おおぜい》の人々《ひとびと》が見物《けんぶつ》に出《で》て来《き》て、返《かえ》り血《ち》を浴《あ》びた隊士《たいし》たちを見《み》て、恐《おそ》ろしげに顔《かお》をしかめる者《もの》、「お見事《みごと》!」と声《こえ》をかける者《もの》、様々《さまざま》であった。

平助《へいすけ》など大怪我《おおけが》を負《お》った者《もの》たちは釣台《つりだい》に乗《の》せられ、土方《ひじかた》は沖田《おきた》に肩《かた》を貸《か》し、壬生《みぶ》の屯所《とんしょ》へと戻《もど》った。

「土方《ひじかた》さん……すみません」

「なにも言《い》うな。帰《かえ》ったら休《やす》め」

「はい……」

「総司《そうじ》。おまえ、前《まえ》から具合《ぐあい》が悪《わる》かったんじゃねえのか?」

「……——」

沖田《おきた》は涙《なみだ》ぐんでいた。悔《くや》し涙《なみだ》だ。

剣《けん》を取《と》れば誰《だれ》にも負《ま》けないのに、病《やまい》に脅《おびや》かされているのが悔《くや》しいのだ。

池田屋事件《いけだやじけん》の二日《ふつか》後、幕府《ばくふ》は京都守護職《きょうとしゅごしょく》経由《けいゆ》で新選組《しんせんぐみ》へ六百両《りょう》の褒賞《ほうしょう》を与《あた》えた。

わずかな人数《にんずう》で大捕物《おおとりもの》をなした新選組《しんせんぐみ》の名声《めいせい》は、京《きょう》の都《みやこ》に一気《いっき》に広《ひろ》まったのである。

第《だい》七章《しょう》◆禁門《きんもん》の変《へん》

池田屋事件《いけだやじけん》のあと、長州藩《ちょうしゅうはん》は公武合体派《こうぶがったいは》の会津《あいづ》や薩摩《さつま》、幕府憎《ばくふにく》しの気持《きも》ちをさらに強《つよ》め、京《きょう》へ軍《ぐん》を進《すす》めてきた。

禁裏御守衛総督《きんりごしゅえいそうとく》の一橋慶喜《ひとつばしよしのぶ》は会津《あいづ》、薩摩《さつま》、彦根藩《ひこねはん》などに出陣《しゅつじん》を命《めい》じ、新選組《しんせんぐみ》は九条河原《くじょうかわら》へ出陣《しゅつじん》することになった。

池田屋事件《いけだやじけん》から十九日後《にちご》の六月《がつ》二十四日《か》。

甲州流軍学《こうしゅうりゅうぐんがく》を修《おさ》めた武田観柳斎《たけだかんりゅうさい》が指揮《しき》を執《と》って出陣式《しゅつじんしき》を行《おこな》った。ほら貝《がい》や陣太鼓《じんだいこ》の音《おと》に合《あ》わせて、赤地《あかじ》に白《しろ》く「誠《まこと》」の一字《じ》を染《そ》め抜《ぬ》いた旗《はた》を翻《ひるがえ》し、完全武装《かんぜんぶそう》した新選組《しんせんぐみ》は行軍《こうぐん》を開始《かいし》したが、この中《なか》に病気《びょうき》の山南敬助《さんなんけいすけ》と沖田総司《おきたそうじ》の姿《すがた》はなかった。

新選組《しんせんぐみ》は、これまで市中《しちゅう》での見廻《みまわ》りで斬《き》り合《あ》いは多《おお》く経験《けいけん》しているが、本格的《ほんかくてき》な戦《いくさ》に出《で》るのは初《はじ》めてである。

「我《われ》らの初陣《ういじん》か」

ご満悦《まんえつ》の近藤勇《こんどういさみ》に、

「おお、近藤先生《こんどうせんせい》の威風堂々《いふうどうどう》としたたたずまい、加藤清正公《かとうきよまさこう》もかくやという、ご立派《りっぱ》さでございます。近藤先生《こんどうせんせい》は今《いま》や一軍《いちぐん》の将《しょう》。我々《われわれ》は臣下《しんか》として仕《つか》えまする」

と観柳斎《かんりゅうさい》が言《い》い、恭《うやうや》しく頭《あたま》を下《さ》げる。どこで知《し》ったのか、近藤《こんどう》の「加藤清正《かとうきよまさ》のようになりたい」という気持《きも》ちをくすぐり、ごまをすったのだ。

「新選組《しんせんぐみ》は尽忠報国《じんちゅうほうこく》の士《し》の集《あつ》まり。上下関係《じょうげかんけい》はあれど、臣下《しんか》とは少《すこ》し言《い》い過《す》ぎだ」

土方《ひじかた》がちくりと釘《くぎ》を刺《さ》す。

観柳斎《かんりゅうさい》に対《たい》して言《い》ったのだが、その実《じつ》、近藤《こんどう》のことも諫《いさ》めていた。

（近藤《こんどう》さん、慢心《まんしん》は敵《てき》だぞ）

自信《じしん》を持《も》つのは大《おお》いに結構《けっこう》だが、鼻持《はなも》ちならない大将《たいしょう》になってもらっては困《こま》る。


伏見《ふしみ》、山崎《やまさき》、天王山《てんのうざん》、嵯峨《さが》の天龍寺《てんりゅうじ》、八幡《やわた》などに布陣《ふじん》した長州軍《ちょうしゅうぐん》は、合《あ》わせて約《やく》二千。

幕府《ばくふ》は幾度《いくたび》も退去命令《たいきょめいれい》を出《だ》したが、まったく退《しりぞ》く気配《けはい》を見《み》せない。

戦《いくさ》の火蓋《ひぶた》が切《き》られたのは、七月十九日《がつ》《にち》の夜明《よあ》け前《まえ》だった。

長州軍《ちょうしゅうぐん》の一部《いちぶ》が、伏見北部《ふしみほくぶ》の稲荷山《いなりやま》を守《まも》っていた幕府方《ばくふがた》の軍《ぐん》と衝突《しょうとつ》したのである。

ドオォォーーン！

砲声《ほうせい》が轟《とどろ》き、新選組《しんせんぐみ》は会津兵《あいづへい》たちとともにただちに動《うご》いたが、現地《げんち》に到着《とうちゃく》したとき、敵《てき》はすでに退去《たいきょ》したあとだった。

「くそっ、間《ま》に合《あ》わなかったか……」

そこへ、会津《あいづ》の伝令兵《でんれいへい》がやってきて、

「御所《ごしょ》の周《まわ》りで戦《いくさ》が起《お》きています。新選組《しんせんぐみ》は堺町御門《さかいまちごもん》に向《む》かうように、とのことです！」

と指令《しれい》が伝《つた》えられた。

怒《いか》りとやる気《き》が同時《どうじ》に、新選組《しんせんぐみ》の隊士《たいし》たちの間《あいだ》に満《み》ちあふれる。

「長州《ちょうしゅう》め、天皇《てんのう》のおわす御所《ごしょ》を攻《せ》めるとは！」

「蹴散《けち》らしてやる！」

すぐに御所《ごしょ》の南《みなみ》に位置《いち》する堺町御門《さかいまちごもん》に向《む》かうと、ここには長州《ちょうしゅう》の久坂玄瑞《くさかげんずい》と長州《ちょうしゅう》に加担《かたん》している久留米藩《くるめはん》の真木和泉《まきいずみ》の隊《たい》が押《お》し寄《よ》せ、越前兵《えちぜんへい》と激《はげ》しく戦《たたか》っていた。

「長州《ちょうしゅう》の者《もの》どもを決《けっ》して御所《ごしょ》に入《い》れるな！」

新選組《しんせんぐみ》が加勢《かせい》すると、長州勢《ちょうしゅうぜい》はたまらず、南南東《なんなんとう》の寺町御門《てらまちごもん》へと逃《のが》れて行《い》く。

しかし、そこを守備《しゅび》していた肥後藩兵《ひごはんぺい》と追撃《ついげき》してきた新選組《しんせんぐみ》に挟《はさ》まれ、壊滅《かいめつ》に追《お》い込《こ》まれた。

寺町御門《てらまちごもん》の守《まも》りは引《ひ》き続《つづ》き肥後藩《ひごはん》があたり、新選組《しんせんぐみ》は、

「堺町御門《さかいまちごもん》へ！」

と、すぐに引《ひ》き返《かえ》し、門《もん》の近《ちか》くの鷹司邸《たかつかさてい》を攻《せ》めることにした。

ここに追撃《ついげき》を逃《のが》れた久坂《くさか》ら、長州勢《ちょうしゅうぜい》が立《た》て籠《こ》もったのだ。しかも、大砲《たいほう》や小銃《しょうじゅう》を使《つか》い、堺町御門《さかいまちごもん》を狙《ねら》ってくる。

これに対《たい》し、会津勢《あいづぜい》が鷹司邸《たかつかさてい》に向《む》かって砲撃《ほうげき》すると、塀《へい》が崩《くず》れた。

新選組《しんせんぐみ》は鷹司邸《たかつかさてい》に火《ひ》を放《はな》ち、中《なか》にいる長州勢《ちょうしゅうぜい》を追《お》い詰《つ》め、討《う》ち取《と》る。

この火《ひ》の中《なか》で、久坂《くさか》が自刃《じじん》した。

新選組《しんせんぐみ》は次《つぎ》に御所《ごしょ》の公卿門《くぎょうもん》の警備《けいび》を命《めい》じられ、素早《すばや》くそこへ向《む》かった。公卿門近《くぎょうもんちか》くの日《ひ》野邸《のてい》にも長州兵《ちょうしゅうへい》が立《た》て籠《こ》もっているという。

永倉新八《ながくらしんぱち》、原田左之助《はらださのすけ》、井上源三郎《いのうえげんざぶろう》らが隊士《たいし》二十人《にん》を引《ひ》き連《つ》れて邸内《ていない》に突入《とつにゅう》、これを敗《はい》走《そう》させた。

この戦《たたか》いでは、永倉《ながくら》が股《もも》に、左之助《さのすけ》が左肩《ひだりかた》に傷《きず》を負《お》った。

その夜《よる》、新選組《しんせんぐみ》は会津藩《あいづはん》とともに公卿門《くぎょうもん》の守《まも》りに就《つ》いた。

「しかし、長州《ちょうしゅう》はとんでもねえな」

「ああ、尊王攘夷《そんのうじょうい》を叫《さけ》びながら、御所《ごしょ》を砲撃《ほうげき》するとは」

翌日《よくじつ》、真木《まき》が天王山《てんのうざん》へ逃《のが》れたため、新選組《しんせんぐみ》はその追討《ついとう》に向《む》かった。

土方《ひじかた》は左之助《さのすけ》や源三郎《げんざぶろう》らとともに山《やま》のふもとの警備《けいび》に就《つ》き、近藤《こんどう》は永倉《ながくら》、斎藤一《さいとうはじめ》らと山中《さんちゅう》を進《すす》んで行《い》く。

パァ――ン！　パァーン！

「伏《ふ》せろ！」

途中《とちゅう》で山《やま》の上《うえ》から銃撃《じゅうげき》を受《う》け、近藤《こんどう》たちは身《み》を伏《ふ》せたり、木《き》の陰《かげ》に隠《かく》れたりした。

そうして身《み》を潜《ひそ》めていると、やがて銃撃《じゅうげき》がやみ……山《やま》の上《うえ》から煙《けむり》が上《あ》がった。

駆《か》けつけると、真木《まき》ら十七名《めい》の男《おとこ》たちが腹《はら》を切《き》り、火《ひ》の中《なか》に身《み》を投《とう》じていた。

「これが戦《いくさ》か……」

敗者《はいしゃ》の末路《まつろ》を目《ま》の当《あ》たりにして、近藤《こんどう》たちは息《いき》を呑《の》む。

彼《かれ》らのすさまじい死《し》に様《ざま》が、しばらく目《め》に焼《や》きついて離《はな》れなかった。

こうして、新選組《しんせんぐみ》の初陣《ういじん》となった「禁門《きんもん》の変《へん》」は、幕《まく》を閉《と》じたのだった。

◆◆◆

「池田屋事件《いけだやじけん》」に続《つづ》き、「禁門の変《きんもんのへん》」の活躍《かつやく》で、新選組《しんせんぐみ》の評判《ひょうばん》はいっそう高《たか》まった。

「皆《みな》、これからも存分《ぞんぶん》に働《はたら》くように」

局長《きょくちょう》の近藤《こんどう》は、まさに得意《とくい》の絶頂《ぜっちょう》である。

しかし、これに不満《ふまん》を爆発《ばくはつ》させた者《もの》がいた。試衛館時代《しえいかんじだい》からともに歩《あゆ》んできた、永倉《ながくら》である。

「我《われ》らは同志《どうし》のはず。家来《けらい》のような扱《あつか》いをされるのは納得《なっとく》がいかない。観柳斎《かんりゅうさい》のように、へつらうやつがいるから、近藤《こんどう》さんが増長《ぞうちょう》するんだ！」

これはもう、近藤《こんどう》より偉《えら》い人《ひと》に諭《さと》してもらうしかないと考《かんが》えた永倉《ながくら》は、仲《なか》のいい左之助《さのすけ》や斎藤《さいとう》、同《おな》じように不満《ふまん》を抱《いだ》く葛山武八郎《かづらやまたけはちろう》ら三人《にん》と相談《そうだん》し、切腹覚悟《せっぷくかくご》で近藤《こんどう》の非行《ひこう》を記《しる》した五《ご》カ条《じょう》の陳情書《ちんじょうしょ》を、会津藩《あいづはん》の公用方《こうようがた》に提出《ていしゅつ》した。

「言《い》いたいことはよくわかった。しばし、待《ま》て」

公用方《こうようがた》が慌《あわ》てて松平容保《まつだいらかたもり》に伝《つた》えると、容保《かたもり》は永倉《ながくら》たちとの面会《めんかい》に応《おう》じて、こう諭《さと》してきた。

「新選組《しんせんぐみ》が解散《かいさん》するとなれば、新選組《しんせんぐみ》を預《あず》かる身《み》としては不徳《ふとく》の致《いた》すところである。永倉《ながくら》、原田《はらだ》、斎藤《さいとう》……おまえたちは壬生《みぶ》浪士組結成《ろうしぐみけっせい》からの同志《どうし》で、近藤《こんどう》とともに新選組《しんせんぐみ》を作《つく》り上《あ》げてきた功労者《こうろうしゃ》だ。『池田屋事件《いけだやじけん》』や『禁門《きんもん》の変《へん》』での活躍《かつやく》は、近藤《こんどう》ひとりの手柄《てがら》ではない。おまえたちや土方《ひじかた》、井上《いのうえ》、藤堂《とうどう》がいてこその新選組《しんせんぐみ》だと、私《わたし》は思《おも》っている。山南《さんなん》と沖《おき》田《た》は病《やまい》に倒《たお》れていると聞《き》く。彼《かれ》らが安心《あんしん》して復帰《ふっき》するためにも、今後《こんご》も皆《みな》で力《ちから》を合《あ》わせていってもらえないか」

浪士組結成当時《ろうしぐみけっせいとうじ》の試衛館全員《しえいかんぜんいん》の名前《なまえ》を出《だ》した容保《かたもり》の言葉《ことば》に感激《かんげき》した永倉《ながくら》たちは、これ以《い》上《じょう》、迷惑《めいわく》をかけたくないと思《おも》い、ここは矛《ほこ》を収《おさ》めることにした。

「直々《じきじき》にお言葉《ことば》をいただき、恐《おそ》れ入《い》ります。我《われ》らはこれからも、会津藩御預《あいづはんおあずかり》の名《な》に恥《は》じぬよう務《つと》めます」

「うむ、それを聞《き》いて安心《あんしん》した。では、手打《てう》ちと致《いた》そうか」

容保《かたもり》は近藤《こんどう》を呼《よ》び、酒宴《しゅえん》を開《ひら》いて、わだかまりをなくそうと努《つと》めてくれた。

「近藤《こんどう》、素晴《すば》らしい仲間《なかま》を持《も》ったな。己《おのれ》が正《ただ》しいと思《おも》うことを曲《ま》げずに、まっすぐにぶつけてくる……。これが真《まこと》に信頼《しんらい》できる者《もの》だ」

「ありがとうございます。気持《きも》ちを新《あら》たに、今後《こんご》も励《はげ》みます」

しかし、すっきりしないのは近藤《こんどう》のほうである。

反省《はんせい》すべき点《てん》があるのは理解《りかい》できたが、今回《こんかい》のことで恥《はじ》をかかされたも同然《どうぜん》だからだ。

「ただ和解《わかい》したとあっては、示《しめ》しがつかぬ」

として、近藤《こんどう》は土方《ひじかた》と相談《そうだん》して、永倉《ながくら》を謹慎処分《きんしんしょぶん》にし、葛山《かづらやま》は切腹《せっぷく》させた。

局長批判《きょくちょうひはん》をしておいて、誰《だれ》も腹《はら》を切《き》らぬのは、隊内《たいない》に心《こころ》の緩《ゆる》みを生《う》む。再発《さいはつ》を防《ふせ》ぐために、葛山《かづらやま》は見《み》せしめにされたのだ。

（葛山《かづらやま》くん、すまない……）

この事件《じけん》は、永倉《ながくら》の心《こころ》に大《おお》きなしこりとして残《のこ》った。

第八章《だいはっしょう》◆伊東甲子太郎《いとうかしたろう》の加入《かにゅう》

「御所《ごしょ》に向《む》かって砲撃《ほうげき》した長州《ちょうしゅう》を討《う》て！」

長州《ちょうしゅう》の暴挙《ぼうきょ》に激怒《げきど》した孝明天皇《こうめいてんのう》は、「長州征伐《ちょうしゅうせいばつ》」の勅許《ちょっきょ》を下《くだ》した。

これで、長州《ちょうしゅう》は朝敵《ちょうてき》となったのだ。

それから、天皇《てんのう》は義弟《ぎてい》の将軍《しょうぐん》・徳川家茂《とくがわいえもち》に対《たい》し、幕府軍《ばくふぐん》の派遣《はけん》を要請《ようせい》した。

「新選組《しんせんぐみ》も戦《いくさ》の支度《したく》を進《すす》めておくように」
と松平容保《まつだいらかたもり》から内意《ないい》を受《う》け、近藤勇《こんどういさみ》は永倉新八《ながくらしんぱち》、武田観柳斎《たけだかんりゅうさい》、尾形俊太郎《おがたしゅんたろう》を伴《ともな》い、新規《しんき》隊士募集《たいしぼしゅう》のために江戸《えど》へ向《む》かうことにした。新選組《しんせんぐみ》は四十名《めい》。このままでは兵《へい》が足《た》りないのだ。

この旅《たび》は早駕籠《はやかご》を乗《の》り継《つ》いだり、途中《とちゅう》で海路《かいろ》を使《つか》ったりして急《いそ》ぎに急《いそ》ぎ、わずか五日《いっか》で江戸《えど》に到着《とうちゃく》するという強行軍《きょうこうぐん》だった。

永倉《ながくら》を同行《どうこう》させたのは、松前脱藩《まつまえだっぱん》の永倉《ながくら》の仲介《ちゅうかい》で老中《ろうじゅう》の松前藩主《まつまえはんしゅ》・松前崇広《まつまえたかひろ》に会《あ》い、将《しょう》軍《ぐん》の上洛《じょうらく》を求《もと》める建白書《けんぱくしょ》を取《と》り次《つ》いでもらうためだったが、近藤《こんどう》はこの旅《たび》で永倉《ながくら》と観柳斎《かんりゅうさい》に少《すこ》しずつ打《う》ち解《と》けてほしいと考《かんが》えていた。

が、こう急《いそ》ぐ旅路《たびじ》では、落《お》ち着《つ》いて話《はな》す暇《ひま》もなく――。

江戸《えど》に着《つ》くと、近藤《こんどう》たちは藤堂平助《とうどうへいすけ》と合流《ごうりゅう》した。自分《じぶん》たちより先《さき》に、隊士募集《たいしぼしゅう》の下準備《したじゅんび》のために江戸《えど》に向《む》かわせていたのだ。

「近藤《こんどう》さん、こちらが伊東大蔵先生《いとうおおくらせんせい》です」

平助《へいすけ》が勧誘《かんゆう》したのは、深川《ふかがわ》で北辰一刀流《ほくしんいっとうりゅう》の道場《どうじょう》を開《ひら》いている伊東大蔵《いとうおおくら》であった。平助《へいすけ》のかつての師匠《ししょう》である。試衛館《しえいかん》に出入《でい》りする前《まえ》、平助《へいすけ》は伊東《いとう》の門下生《もんかせい》だった。その縁《えん》で今回《こんかい》の運《はこ》びとなったのだ。

「新選組《しんせんぐみ》のご活躍《かつやく》は聞《き》いています。長州《ちょうしゅう》の者《もの》どもめ、御所《ごしょ》に向《む》かって発砲《はっぽう》しておいて、なにが尊王攘夷《そんのうじょうい》だ。そんな偽《いつわ》りの尊王攘夷派《そんのうじょういは》を排除《はいじょ》するために、我《われ》らも力《ちから》を貸《か》しましょう」

「伊東《いとう》さん、実《じつ》に頼《たの》もしい。やはり、兵《つわもの》は坂東武者《ばんどうむしゃ》に限《かぎ》る」

近藤《こんどう》がこう言《い》うのには理由《りゆう》があった。池田屋事件《いけだやじけん》の前《まえ》、脱走《だっそう》した隊士《たいし》たちは主《おも》に西国出身《さいごくしゅっしん》だったのだ。

伊東《いとう》は道場《どうじょう》を閉《し》めて、実弟《じってい》の鈴木三木三郎《すずきみきさぶろう》や門下生《もんかせい》の篠原泰之進《しのはらたいのしん》、加納鷲雄《かのうわしお》など九名《めい》を引《ひ》き連《つ》れて新選組《しんせんぐみ》への加入《かにゅう》を決《き》め、これを機《き》に、名《な》を甲子太郎《かしたろう》と改《あらた》めた。

常陸《ひたち》の志筑藩《しづくはん》の出身《しゅっしん》である伊東《いとう》は脱藩《だっぱん》して水戸《みと》で学問《がくもん》を修《おさ》めたという。剣《けん》は神道無念流《しんとうむねんりゅう》、北辰一刀流《ほくしんいっとうりゅう》を究《きわ》め、深川《ふかがわ》の道場主《どうじょうぬし》に見込《みこ》まれて婿《むこ》入《い》りしたらしい。

その道場《どうじょう》を閉《し》めてまで、尊王攘夷《そんのうじょうい》の結実《けつじつ》のために新選組《しんせんぐみ》に加入《かにゅう》するということは、並々《なみなみ》ならぬ意志《いし》の強《つよ》さだ。

「うむ、大変心強《たいへんこころづよ》いですな！　近藤先生《こんどうせんせい》の名《な》のもとに、新選組《しんせんぐみ》の名《な》はますます高《たか》まっていくことでしょう」

「武田《たけだ》くん、新選組《しんせんぐみ》は近藤《こんどう》さんだけのものじゃない。志《こころざし》を同《おな》じくする同志《どうし》の集《あつ》まりだ」

永倉《ながくら》がにらみつけると、

「は、ははは、そうでしたな」

と観柳斎《かんりゅうさい》は畳《たた》んだ手《て》ぬぐいを取《と》り出《だ》し、額《ひたい》の汗《あせ》を拭《ふ》く真似《まね》をした。

今回《こんかい》の江戸《えど》での募集《ぼしゅう》で加入《かにゅう》したのは、二十三名《めい》を数《かぞ》えた。そのうちの十名《めい》は伊東《いとう》たちで、十三名《めい》は近藤《こんどう》の呼《よ》びかけで入《はい》った天然理心流《てんねんりしんりゅう》の門人《もんじん》たちであった。

◆◆◆

新選組《しんせんぐみ》は京《きょう》と大坂《おおさか》でも新規隊士《しんきたいし》を募集《ぼしゅう》し、東西合《とうざいあ》わせて加入者《かにゅうしゃ》が四十名近《めいちか》くにのぼった。

人数《にんずう》が増《ふ》えると、新《あら》たに編制《へんせい》する必要《ひつよう》が出《で》てくる。

それまでの副長助勤《ふくちょうじょきん》を組頭《くみがしら》に改《あらた》め、その組頭《くみがしら》に一党《いっとう》を率《ひき》いて参加《さんか》した伊東《いとう》を入《い》れ、槍《やり》だけではなく実《じつ》は計算《けいさん》も得意《とくい》な原田左之助《はらださのすけ》を小荷駄雑具《こにだざつぐ》という新《あら》たな役《やく》に就《つ》けるなど、組織《そしき》改編《かいへん》を行《おこな》い、「行軍録《こうぐんろく》」を作成《さくせい》した。

局長《きょくちょう》　近藤勇《こんどういさみ》　　副長《ふくちょう》　土方歳三《ひじかたとしぞう》

一番《ばん》　沖田総司《おきたそうじ》　二番《ばん》　伊東甲子太郎《いとうかしたろう》　三番《ばん》　井上源三郎《いのうえげんざぶろう》
四番《ばん》　斎藤一《さいとうはじめ》　五番《ばん》　尾形俊太郎《おがたしゅんたろう》　六番《ばん》　武田観柳斎《たけだかんりゅうさい》
七番《ばん》　谷三十郎《たにさんじゅうろう》　八番《ばん》　松原忠司《まつばらちゅうじ》　小荷駄雑具《こにだざつぐ》　原田左之助《はらださのすけ》

組頭《くみがしら》の下《した》に、平隊士《ひらたいし》が五名《めい》ずつ配属《はいぞく》されるという構成《こうせい》だ。

行軍《こうぐん》の際《さい》は一番隊《ばんたい》が左《ひだり》、四番隊《ばんたい》が右《みぎ》というように二列縦隊《れつじゅうたい》のかたちを取《と》り、以下《いか》、二番《ばん》・五番《ばん》、三番《ばん》・六番《ばん》という配列《はいれつ》で進《すす》む。七番《ばん》と八番《ばん》は大砲隊《たいほうたい》で、小荷駄雑具《こにだざつぐ》が殿《しんがり》を務《つと》めるというわけだ。

体調《たいちょう》の回復《かいふく》してきた沖田総司《おきたそうじ》は一番隊《ばんたい》の組頭《くみがしら》になったが、副長《ふくちょう》の山南敬助《さんなんけいすけ》は病《やまい》のため長州征伐《ちょうしゅうせいばつ》には参加《さんか》できないとして外《はず》された。永倉《ながくら》は謹慎処分《きんしんしょぶん》がまだ解《と》けておらず、平助《へいすけ》は江戸《えど》に留《とど》まっているため、名《な》が入《はい》っていない。

この編制《へんせい》はこの先《さき》に突《つ》き当《あ》たる局面《きょくめん》に応《おう》じて変《か》わっていくが、基本的《きほんてき》にはこの九小隊制《しょうたいせい》が続《つづ》いていくことになる。

また、近藤《こんどう》と土方《ひじかた》は長州征伐《ちょうしゅうせいばつ》を前《まえ》に、十《じゅっ》カ条《じょう》からなる「軍中法度《ぐんちゅうはっと》」を作成《さくせい》した。

これは、戦時《せんじ》においての掟《おきて》だ。

「組頭《くみがしら》が討《う》ち死《じ》にした場合《ばあい》、その組衆《くみしゅう》も戦死《せんし》を遂《と》げるべし。逃《に》げた者《もの》はその行動《こうどう》の質《しつ》により、斬罪《ざんざい》か微罪《びざい》かを申《もう》し渡《わた》す。かねてより覚悟《かくご》を決《き》め、未練《みれん》を残《のこ》すな」

つまり、組頭《くみがしら》とその下《した》の隊士《たいし》たちは生《い》き死《し》にをともにせよ、その覚悟《かくご》で戦《いくさ》に臨《のぞ》め、ということだ。

しかし、この「行軍録《こうぐんろく》」と「軍中法度《ぐんちゅうはっと》」は、「長州征伐《ちょうしゅうせいばつ》」で適用《てきよう》する機会《きかい》はなかった。

幕府《ばくふ》は二十三藩《ばん》からなる大軍《たいぐん》を組織《そしき》したものの、薩摩藩《さつまはん》の西郷吉之助《さいごうきちのすけ》（のちの隆盛《たかもり》）の働《はたら》きにより、長州《ちょうしゅう》が恭順《きょうじゅん》の意《い》を示《しめ》したため、新選組《しんせんぐみ》の出番《でばん》はなかったのだ。

第九章《だいしょう》◆山南敬助《さんなんけいすけ》の脱走《だっそう》と死《し》

年《とし》が明《あ》けて、元治《げんじ》二年《ねん》（一八六五年《ねん》）。

新選組《しんせんぐみ》の人数《にんずう》が増《ふ》えたため、京《きょう》の中心地《ちゅうしんち》に近《ちか》い西本願寺《にしほんがんじ》へ屯所《とんしょ》を移《うつ》そうという話《はなし》が出《で》た。

しかし、移動計画《いどうけいかく》を進《すす》めている途中《とちゅう》で、とんでもない事件《じけん》が起《お》こった。幹部《かんぶ》のひとりが突然《とつぜん》、屯所《とんしょ》から消《き》えたのである。

試衛館時代《しえいかんじだい》からの仲間《なかま》、副長《ふくちょう》の山南敬助《さんなんけいすけ》だ。

二月《がつ》のある日《ひ》、ちょっと出《で》かけてくる、と門《もん》の守《まも》りに当《あ》たっていた平隊士《ひらたいし》に声《こえ》をかけて、それきり日《ひ》が変《か》わっても戻《もど》ってこないのだ。

いちばん驚《おどろ》いたのは、試衛館《しえいかん》の面々《めんめん》だ。

「山南《さんなん》さんは、いったいなにを考《かんが》えているんだ⁉」

「局《きょく》を脱《だっ》することを許《ゆる》さず――。これを知《し》らないはずがないのに」

「でも、もしかしたら、どこかで倒《たお》れているのかもしれませんよ⁉」

目《め》に涙《なみだ》を浮《う》かべた沖田総司《おきたそうじ》を見《み》て、土方《ひじかた》は彼《かれ》を捜《さが》しに行《い》かせることにした。

「まだ、そんなに遠《とお》くまで行《い》っていないはずだ。総司《そうじ》、捜《さが》しに行《い》ってくれるか。大津《おおつ》まで行《い》って会《あ》えなかったら、引《ひ》き返《かえ》していい」

大津《おおつ》まで、という区切《くぎ》りを決《き》めたのは、そこが東海道《とうかいどう》と中山道《なかせんどう》の分岐点《ぶんきてん》だからだ。もし山南《さんなん》が江戸《えど》へ戻《もど》るなら、大津《おおつ》からどちらかの道《みち》を選《えら》ぶことが予想《よそう》される。

（嫌《いや》な役目《やくめ》だ……。あ、でも、私《わたし》に行《い》けと言《い》ったのは、見逃《みのが》せ、ということなのかも――）

重《おも》い気持《きも》ちで馬《うま》に乗《の》った沖田《おきた》が大津《おおつ》へ向《む》かうと、山南《さんなん》はすぐに見《み》つかった。

まるで、沖田《おきた》が追《お》ってくるのを待《ま》っていたかのように、大津《おおつ》の茶屋《ちゃや》でのんびりとお茶《ちゃ》をすすり、だんごを食《た》べていたのである。

「山南《さんなん》さん！」

「沖田《おきた》くんか。ひとつどうだい？」

目《め》の前《まえ》に差《さ》し出《だ》されただんごの皿《さら》を押《お》しやり、沖田《おきた》は身《み》を乗《の》り出《だ》す。

「山南《さんなん》さん、なんで逃《に》げたんですか？　もしかして、屯所《とんしょ》を移《うつ》すのに反対《はんたい》だから？」

沖田《おきた》がそう訊《き》いたのは、屯所《とんしょ》の移転問題《いてんもんだい》で近藤勇《こんどういさみ》や土方《ひじかた》が忙《いそが》しくしているときに、いきなりいなくなったのは、無言《むごん》の抗議《こうぎ》なのかと思《おも》ったからだ。

それには答《こた》えず、山南《さんなん》はため息《いき》をつく。

「私《わたし》は、もう疲《つか》れた」

「山南《さんなん》さん……。大津《おおつ》へはなにをしに？」

「療養《りょうよう》です。早《はや》く病《やまい》を治《なお》したくてね……。けれど、もう疲《つか》れた。壬生《みぶ》に連《つ》れ帰《かえ》ってくれ」

「でも、戻《もど》ったら、山南《さんなん》さんは――」

「私《わたし》を見逃《みのが》せば、君《きみ》が処罰《しょばつ》を受《う》ける。それは、私《わたし》の望《のぞ》むところではない。それに君《きみ》が、『見《み》つからなかった』と報告《ほうこく》したところで、すぐに次《つぎ》の追《お》っ手《て》がやってくるだろう」

山南《さんなん》はどうやらすべての覚悟《かくご》を決《き》めているようだ。

沖田《おきた》は仕方《しかた》なく、山南《さんなん》を連《つ》れて壬生《みぶ》へと戻《もど》った。

山南《さんなん》は前川邸《まえかわてい》の一室《いっしつ》に入《い》れられた。格子窓《こうしまど》のある、小《ちい》さな部屋《へや》だ。ここは道《みち》に面《めん》しており、目《め》の前《まえ》に広《ひろ》がる空《そら》や畑《はたけ》がよく見《み》える。

「無言《むごん》の抗議《こうぎ》なのか、山南《さんなん》さん」

様子《ようす》を見《み》に来《き》た土方《ひじかた》に、山南《さんなん》は軽《かる》く頭《あたま》を下《さ》げる。

「そう取《と》っていただいて結構《けっこう》です」

「……ったく、相変《あいか》わらず、わかりにくいやつだな」

土方《ひじかた》がぼやくと、山南《さんなん》が微笑《びしょう》した。

「私《わたし》は病《やまい》を得《え》て以来《いらい》、副長《ふくちょう》とは名《な》ばかりで、まったく役《やく》に立《た》っていませんでした。身《み》の置《お》き所《どころ》がない、というのはね、実《じつ》につらいものですよ、土方《ひじかた》くん。人《ひと》は誰《だれ》かの役《やく》に立《た》って、初《はじ》めて生《い》きる喜《よろこ》びを得《え》る。必要《ひつよう》とされない人間《にんげん》は、生《い》きる価値《かち》などありません」

山南《さんなん》がそう言《い》うのは、「武士《ぶし》として、男《おとこ》として」ということなのだろう。だが、土方《ひじかた》はこう言《い》わずにはおれなかった。

「なに言《い》ってんだ。あんたは病床《びょうしょう》の身《み》であっても、若《わか》い隊士《たいし》たちの悩《なや》みを聞《き》いてやったりしていたじゃねえか」

「土方《ひじかた》くん、自分《じぶん》の身《み》に置《お》き換《か》えてみてください。君《きみ》はそれで満足《まんぞく》できますか？」

「……――確《たし》かに、できねえな」

「ほらね。そういうことですよ」

山南《さんなん》がまた微笑《ほほえ》んだとき、格子窓《こうしまど》の外《そと》から女《おんな》の声《こえ》が聞《き》こえた。

「山南《さんなん》さん、山南《さんなん》さん！　そこにいるの？　いるなら開《あ》けてよ！」

土方《ひじかた》は気《き》を利《き》かせ、部屋《へや》の外《そと》へ出《で》て、ふすまの後《うし》ろに待機《たいき》する。

山南《さんなん》は手《て》を伸《の》ばし、格子窓《こうしまど》を開《あ》けた。

「明里《あけさと》……」

それは、山南《さんなん》が懇意《こんい》にしていた明里《あけさと》という若《わか》い女《おんな》だった。今《いま》は郷里《きょうり》に帰《かえ》っているが、前《まえ》は島原《しまばら》の店《みせ》に出《で》ていて、そこで馴染《なじ》みになったのである。山南《さんなん》を慕《した》う誰《だれ》かが、彼女《かのじょ》の家《いえ》へ知《し》らせに走《はし》ったのだろう。

「山南《さんなん》さん、なんでなの？　なんで？　なんで、山南《さんなん》さんが死《し》ななきゃいけないの？」

格子《こうし》を握《にぎ》り、取《と》りすがる明里《あけさと》の目《め》から、ぼろぼろと涙《なみだ》がこぼれる。

山南《さんなん》の目《め》にも熱《あつ》い涙《なみだ》があふれてきたが、

「……泣《な》かせてすまない。どうか、お元気《げんき》で」

明里《あけさと》から目《め》をそらし、窓《まど》を閉《し》めた。


翌日《よくじつ》、二月《がつ》二十三日《にち》。

「山南敬助《さんなんけいすけ》、あなたは副長《ふくちょう》という責任《せきにん》ある立場《たちば》にありながら、法度《はっと》を破《やぶ》った。よって、切《せっ》腹《ぷく》を申《もう》しつける」

局長《きょくちょう》の近藤《こんどう》が言《い》い渡《わた》し、山南《さんなん》は「ありがたきしあわせ」と頭《あたま》を下《さ》げた。

部屋《へや》の中《なか》には、土方《ひじかた》をはじめ、井上源三郎《いのうえげんざぶろう》、永倉新八《ながくらしんぱち》、原田左之助《はらださのすけ》、斎藤一《さいとうはじめ》の姿《すがた》もあった。試衛館時代《しえいかんじだい》からの仲間《なかま》たちが死出《しで》の旅路《たびじ》に立《た》ちあうために集《つど》ったのだ。ただひとり、藤堂平助《とうどうへいすけ》は昨年《さくねん》から江戸《えど》に滞在中《たいざいちゅう》でここにはいない。

皆《みな》の目《め》が涙《なみだ》で濡《ぬ》れる中《なか》、山南《さんなん》は切腹《せっぷく》の作法《さほう》通《どお》り、着物《きもの》の前《まえ》を開《ひら》き、脇差《わきざし》を手《て》にした。

この時代《じだい》、本当《ほんとう》に腹《はら》を切《き》る例《れい》はあまりない。脇差《わきざし》で少《すこ》し腹《はら》を傷《きず》つけたあと、あるいは閉《と》じた扇《おうぎ》を脇差《わきざし》に見立《みた》てて腹《はら》に当《あ》てる真似《まね》をした直後《ちょくご》、介錯人《かいしゃくにん》が首《くび》を斬《き》るという場合《ばあい》が多《おお》い。死《し》にゆく者《もの》に対《たい》して、長《なが》く苦痛《くつう》を与《あた》えないためだ。

しかし、山南《さんなん》は見事《みごと》に腹《はら》を切《き》った。

介錯《かいしゃく》は、沖田《おきた》が行《おこな》った。下手《へた》な者《もの》がやると、ためらい傷《きず》が増《ふ》えるばかりで、なかなか死《し》に至《いた》らないことがある。だから、沖田《おきた》が介錯人《かいしゃくにん》を務《つと》めることは、近藤《こんどう》や土方《ひじかた》の、山南《さんなん》に対《たい》する温情《おんじょう》だったのである。

そして、月《つき》が変《か》わり、三月上旬《がつじょうじゅん》。

新選組《しんせんぐみ》は壬生《みぶ》の八木邸《やぎてい》や前川邸《まえかわてい》を引《ひ》き払《はら》い、新《あたら》しい屯所《とんしょ》となる西本願寺《にしほんがんじ》の北集会所《きたしゅうえしょ》に移《うつ》ったのだった。

第《だい》十章《しょう》◆近藤《こんどう》の覚悟《かくご》

四月五日《がついつか》、土方《ひじかた》の姿《すがた》は江戸《えど》にあった。

同行者《どうこうしゃ》は斎藤一《さいとうはじめ》と伊東甲子太郎《いとうかしたろう》のふたり。斎藤《さいとう》はおよそ二年半《ねんはん》ぶりなので、感慨《かんがい》もひとしおである。

三人《にん》は江戸《えど》で新規隊士《しんきたいし》の募集《ぼしゅう》をかけ、江戸《えど》に留《とど》まっている藤堂平助《とうどうへいすけ》とともに引《ひ》き連《つ》れて帰《かえ》るという任務《にんむ》を帯《お》びていた。

「んー、なんかこう、京《きょう》とは空気《くうき》が違《ちが》う気《き》がするなあ！」

伸《の》びをする斎藤《さいとう》は、久《ひさ》しぶりの江戸《えど》に心弾《こころはず》んでいる様子《ようす》だ。

その様子《ようす》を見《み》た土方《ひじかた》の脳裏《のうり》に、沖田《おきた》のさみしそうな顔《かお》が浮《う》かんだ。

（あいつも、来《こ》られればよかったのにな……）

当初《とうしょ》、沖田《おきた》も一緒《いっしょ》に来《く》る予定《よてい》だったのだが、体調《たいちょう》がおもわしくないこともあり、表向《おもてむ》きは「仕事《しごと》が忙《いそが》しい」ということにし、断念《だんねん》したのだ。

土方《ひじかた》たちが試衛館道場《しえいかんどうじょう》に入《はい》ると、

「歳三《としぞう》、久《ひさ》しぶりだな」

さっそく義兄《ぎけい》の佐藤彦五郎《さとうひこごろう》が日野《ひの》から飛《と》んできた。

「姉《ねえ》さんや石田村《いしだむら》のみんなは元気《げんき》ですか？」

「ああ、のぶは相変《あいか》わらず口《くち》うるさいよ。石田《いしだ》のほうは作助《さくすけ》ががんばっているから、心配《しんぱい》しなくていい」

「そうですか、ありがとうございます」

それから土方《ひじかた》は、伊東《いとう》を彦五郎《ひこごろう》に紹介《しょうかい》した。

「手紙《てがみ》でもお知《し》らせしましたが、昨年《さくねん》、加入《かにゅう》してくれた伊東先生《いとうせんせい》です」

「伊東甲子太郎《いとうかしたろう》と申《もう》します。彦五郎《ひこごろう》さんのお話《はなし》は、よく近藤先生《こんどうせんせい》や土方《ひじかた》さんからお聞《き》きしています。今後《こんご》ともよろしくお頼《たの》み申《もう》します」

「私《わたし》も伊東先生《いとうせんせい》のお話《はなし》は聞《き》いておりますよ。こんなすごい方《かた》が新選組《しんせんぐみ》に入《はい》ってくだすって、心強《こころづよ》い限《かぎ》りだなあ。なあ、歳三《としぞう》」

と、そこへ出《で》かけていた平助《へいすけ》が戻《もど》ってきた。

「土方《ひじかた》さん、斎藤《さいとう》さん、伊東先生《いとうせんせい》！　お久《ひさ》しぶりです！」

「平助《へいすけ》、江戸《えど》での長滞在《ながたいざい》、ご苦労《くろう》だったな。君《きみ》のおかげで伊東《いとう》さんたちが入《はい》ってくれて、ずいぶん助《たす》かっている」

土方《ひじかた》が平助《へいすけ》を労《ねぎら》い、伊東《いとう》が、

「どうだ、いいのはいいそうか？」

と尋《たず》ねる。

「はい、志《こころざし》の高《たか》い連中《れんちゅう》ばかりで、皆《みな》、先生方《せんせいがた》のお越《こ》しを心待《こころま》ちにしていますよ」

平助《へいすけ》は前年《ぜんねん》の新規隊士募集《しんきたいしぼしゅう》のために江戸《えど》に来《き》て以来《いらい》、近藤勇《こんどういさみ》たちが京《きょう》へ戻《もど》っても、引《ひ》き続《つづ》き、第二次募集《だいじぼしゅう》のために残《のこ》っていたのである。

それから、平助《へいすけ》は土方《ひじかた》を見《み》て、

「山南《さんなん》さんのこと……なんと言《い》ったらいいか……とにかく、残念《ざんねん》です」

と、うつむいた。

浪士組結成《ろうしぐみけっせい》の仲間《なかま》の中《なか》では、平助《へいすけ》だけが江戸《えど》にいたため、山南敬助《さんなんけいすけ》の切腹《せっぷく》に立《た》ちあえなかったのだ。土方《ひじかた》も斎藤《さいとう》も伊東《いとう》も、手紙《てがみ》で知《し》らされていた彦五郎《ひこごろう》も、みんな亡《な》き山南《さんなん》を思《おも》って、目《め》を伏《ふ》せる。

しばし、重《おも》い空気《くうき》が流《なが》れ――……。

「さ、今日《きょう》は久《ひさ》しぶりに飲《の》もう。新《あたら》しい隊士《たいし》の募集《ぼしゅう》についても話《はな》さなきゃならねえし。そういや、日野《ひの》にも活《い》きのいいやつが何人《なんにん》かいてね。最近《さいきん》の新選組《しんせんぐみ》の活躍《かつやく》を聞《き》いて、みんな『俺《おれ》も入《はい》りたい！』って、歳三《としぞう》の帰《かえ》りを待《ま》っていたんでさあ」

彦五郎《ひこごろう》が明《あか》るく言《い》って、皆《みな》を誘《さそ》った。

店《みせ》を予約《よやく》してあるということで、土方《ひじかた》たちはさっそく向《む》かうことにする。

夕暮《ゆうぐ》れに染《そ》まる江戸《えど》の町《まち》を歩《ある》きながら、土方《ひじかた》は隣《となり》を歩《ある》く彦五郎《ひこごろう》にこっそり訊《き》いた。

「彦五郎《ひこごろう》さん、お琴《こと》はどうしてる？」

「元気《げんき》にしてるよ。時間《じかん》があるんなら、顔《かお》を見《み》に行《い》ったらどうだ？」

お琴《こと》は新宿《しんじゅく》の戸塚村《とつかむら》にある三味線屋《しゃみせんや》の娘《むすめ》で、土方《ひじかた》の許婚《いいなずけ》である。

土方《ひじかた》とお琴《こと》の縁談《えんだん》は、土方家《ひじかたけ》や親類《しんるい》の者《もの》たちがまとめたもので、話《はなし》はとんとん拍子《びょうし》に進《すす》んだのだが、もうすぐ挙式《きょしき》という段階《だんかい》になったとき、土方《ひじかた》のほうから待《ま》ったをかけてしまったのだ。

その頃《ころ》の土方《ひじかた》は、仕事《しごと》も剣《けん》もどれも中途半端《ちゅうとはんぱ》だ、とくすぶっていたため、嫁《よめ》をもらって身《み》を固《かた》めることに抵抗《ていこう》を感《かん》じたのである。

「俺《おれ》は、一事《いちじ》を成《な》して自分《じぶん》の名《な》を上《あ》げるまでは、所帯《しょたい》を持《も》たねえ」

と言《い》ったので、お琴《こと》は許婚《いいなずけ》という立場《たちば》のまま、今日《こんにち》に至《いた》るのだ。

後日《ごじつ》、江戸《えど》にいる合間《あいま》を縫《ぬ》って、土方《ひじかた》は戸塚村《とつかむら》へ向《む》かい、三味線屋《しゃみせんや》を訪《おとず》れた。

突然《とつぜん》の訪問《ほうもん》に、店番《みせばん》をしていたお琴《こと》が目《め》をみはる。

「歳三《としぞう》さん……」

「久《ひさ》しぶりだな、お琴《こと》。元気《げんき》だったか？」

お琴《こと》はゆったりと微笑《ほほえ》んでから、口《くち》を開《ひら》いた。

「京《きょう》ではすいぶんと、女《おんな》たちをはべらしているそうじゃないですか」

そう言《い》って、お琴《こと》は指折《ゆびお》り数《かぞ》えながら、「島原《しまばら》の花君太夫《はなぎみたゆう》、北野《きたの》の君菊《きみぎく》、小楽《こらく》、大坂新《おおさかしん》町《まち》は若鶴太夫《わかつるたゆう》……」と女《おんな》の名《な》を口《くち》にする。

心《こころ》あたりのある土方《ひじかた》は、苦《にが》い顔《かお》をした。どれも、京《きょう》に出《で》た年《とし》――文久三年《ぶんきゅうねん》（一八六三年《ねん》）の秋頃《あきごろ》、新選組《しんせんぐみ》の応援者《おうえんしゃ》でもある親戚《しんせき》の小島鹿之助《こじましかのすけ》宛《あ》てに「報国《ほうこく》の心《こ》ころわするゝ婦《ふ》人哉《じんかな》」という句《く》とともに、ちょっとした洒落《しゃれ》で女自慢《おんなじまん》を書《か》いた手紙《てがみ》の中《なか》にある名前《なまえ》だ。親《しん》戚《せき》みんなで、おもしろ半分《はんぶん》に回覧《かいらん》したのだろう。

「ったく……誰《だれ》だよ、しゃべったのは」

「誰《だれ》でもいいじゃないですか。それより、今更《いまさら》なんの御用《ごよう》です？」

つっけんどんに問《と》われて、土方《ひじかた》は真面目《まじめ》な顔《かお》になった。

「俺《おれ》のことはもう待《ま》たないでくれ。そう言《い》いに来《き》たんだ」

「……――」

「おまえには、悪《わる》いと思《おも》っているが……。長州《ちょうしゅう》のやつらは、なかなかおとなしくならねえし、いつ京《きょう》から戻《もど》れるか、わからねえんだよ」

「本当《ほんとう》に勝手《かって》な人《ひと》……。女《おんな》がね、いつまでも待《ま》ってると思《おも》ってるの？　わたしにだって、縁談《えんだん》のひとつやふたつ、あるんですからね」

「そうなのか？　いい話《はなし》があるんなら、よかった」

「……もうっ！」

お琴《こと》は着物《きもの》の袖《そで》で土方《ひじかた》の胸元《むなもと》を叩《はた》き、ぷいっと後《うし》ろを向《む》いた。

「あなたとは金輪際《こんりんざい》お会《あ》いしません！　さようなら！」

「お琴《こと》……」

お琴《こと》の肩《かた》は小刻《こきざ》みに震《ふる》えていた。その瞬間《しゅんかん》、土方《ひじかた》は悟《さと》った。本当《ほんとう》は縁談《えんだん》が舞《ま》い込《こ》んできても、お琴《こと》はそれを断《ことわ》り続《つづ》け、律儀《りちぎ》に土方《ひじかた》を待《ま》っていたのだ。

「──すまねえ」

土方《ひじかた》は後《うし》ろからお琴《こと》を一度《いちど》、ぐっと抱《だ》きしめてから、立《た》ち去《さ》った。

四月二十七日《がつにち》、土方《ひじかた》たちは新規《しんき》の隊士《たいし》たちを引《ひ》き連《つ》れて、江戸《えど》を発《た》った。江戸市中《えどしちゅう》と日野《ひの》で募《つの》った、五十四名《めい》もの若者《わかもの》たちだ。その中《なか》には近藤《こんどう》の甥《おい》・宮川信吉《みやがわのぶきち》もいる。

「俺《おれ》も武士《ぶし》になれるんですね。しかも、勇《いさみ》さんや歳三《としぞう》さんの下《した》で！」

「ああ、信吉《のぶきち》。存分《ぞんぶん》に励《はげ》めよ」

「はい！」

信吉《のぶきち》の初々《ういうい》しい姿《すがた》を見《み》て、土方《ひじかた》は思《おも》った。

(山南《さんなん》さんよお……新選組《しんせんぐみ》は、まだまだこれからだぜ)

◆◆◆

五月十日《がつとおか》に京《きょう》へ戻《もど》った土方《ひじかた》には、新《あたら》しい仕事《しごと》が待《ま》っていた。

京《きょう》や大坂《おおさか》でも隊士募集《たいしぼしゅう》を行《おこな》っており、その結果《けっか》、新選組《しんせんぐみ》は百三十名《めい》を超《こ》える大所帯《おおじょたい》となり、新《あら》たに編成《へんせい》しなおすことになったのだ。謹慎《きんしん》の解《と》けた永倉新八《ながくらしんぱち》や、江戸《えど》から戻《もど》った平助《へいすけ》を組頭《くみがしら》に入《い》れ、軍奉行《いくさぶぎょう》に伊東《いとう》と武田観柳斎《たけだかんりゅうさい》を据《す》えた。

ちょうどその頃《ころ》——五月十六日《がつにち》、将軍《しょうぐん》・徳川家茂《とくがわいえもち》が三度目《さんどめ》の上洛《じょうらく》のため、江戸《えど》を発《た》った。長州《ちょうしゅう》が不穏《ふおん》な動《うご》きを見《み》せていたからである。

いずれまた、長州《ちょうしゅう》と戦《いくさ》になる——。

来《きた》るべき「長州再征《ちょうしゅうさいせい》」に向《む》けて、新選組《しんせんぐみ》は意欲的《いよくてき》に活動《かつどう》した。

将軍上洛《しょうぐんじょうらく》にともなう警備《けいび》や、次々《つぎつぎ》と流入《りゅうにゅう》してくる不逞浪士《ふていろうし》の取《と》り締《し》まりを強化《きょうか》する一方《いっぽう》で、大砲《たいほう》や銃《じゅう》などの火器《かき》を使用《しよう》する洋式訓練《ようしきくんれん》もはじめ、

「小隊《しょうたい》、構《かま》え！　撃《う》て！　撃《う》ち方止《かたや》め！」

という号令《ごうれい》が、境内《けいだい》に響《ひび》く。

西本願寺《にしほんがんじ》の本堂《ほんどう》と屯所《とんしょ》の間《あいだ》には、青竹《あおだけ》の矢来《やらい》を結《むす》んで区別《くべつ》しているが、参拝客《さんぱいきゃく》らは号令《ごうれい》が聞《き》こえるたびに「おお、怖《こわ》っ」と肩《かた》をすくめて、ささっと門《もん》を抜《ぬ》けて行《い》く。

五月下旬《がつげじゅん》、近藤《こんどう》と親交《しんこう》のある幕府《ばくふ》の医師《いし》・松本良順《まつもとりょうじゅん》が西本願寺《にしほんがんじ》の屯所《とんしょ》を訪《おとず》れた。良順《りょうじゅん》は此度《こたび》の将軍上洛《しょうぐんじょうらく》に随行《ずいこう》し、京《きょう》へ来《き》たのである。

新選組《しんせんぐみ》が屯所《とんしょ》として使用《しよう》している北集会所《きたしゅうえしょ》は、全国《ぜんこく》の僧侶《そうりょ》たちが招集《しょうしゅう》された際《さい》に宿泊《しゅくはく》したり、大説教《だいせっきょう》のあるときに使《つか》ったりする場所《ばしょ》である。新選組《しんせんぐみ》はこの五百枚《まい》もの畳《たたみ》を敷《し》ける大広間《おおひろま》を、いくつも仕切《しき》って隊士《たいし》たちの部屋《へや》として割《わ》り当《あ》てていた。

「立派《りっぱ》なところですねえ。しかし、京《きょう》は蒸《む》し暑《あつ》いですな。皆《みな》さん、思《おも》わず裸《はだか》になってしまうというわけですか」

良順《りょうじゅん》が、裸《はだか》のままあちこちに寝転《ねころ》がっている男《おとこ》たちを見《み》て言《い》うと、

「いえ、あの者《もの》たちは病人《びょうにん》です」

と案内《あんない》した隊士《たいし》が答《こた》える。

「ええっ、それはいけない」

良順《りょうじゅん》はさっそく近藤《こんどう》と土方《ひじかた》に会《あ》い、

「すぐにでも風呂《ふろ》を作《つく》って清潔《せいけつ》さを保《たも》ち、病人《びょうにん》は別《べつ》の場所《ばしょ》に移《うつ》したほうがいい」

と忠告《ちゅうこく》した。

すると、一刻《こく》から一刻半《こくはん》ほどしてから、土方《ひじかた》が良順《りょうじゅん》を呼《よ》んだ。

「先生《せんせい》、こんなもんでどうです？」

「おお……」

良順《りょうじゅん》が驚《おどろ》いたのも無理《むり》はない。早《はや》くも風呂場《ふろば》と病室《びょうしつ》ができていたのだ。

「百事《ひゃくじ》をなす、電《いなずま》の如《ごと》し。近藤《こんどう》に間違《まちが》いなきは、土方《ひじかた》がいるからだ」

と、良順《りょうじゅん》は土方《ひじかた》を称《たた》えた。

良順《りょうじゅん》は屯所《とんしょ》を去《さ》る前《まえ》に、主《おも》に諜報活動《ちょうほうかつどう》で才《さい》を発揮《はっき》している隊士《たいし》の山崎烝《やまざきすすむ》に簡単《かんたん》な応急手《おうきゅうて》当《あ》ての方法《ほうほう》を教《おし》えた。山崎《やまざき》は父親《ちちおや》が鍼師《はりし》だったので、すぐに会得《えとく》した。

「へへん、俺《おれ》は新選組《しんせんぐみ》の医者《いしゃ》だ！」

山崎《やまざき》がはりきってみせ、屯所《とんしょ》はしばし笑《わら》いで包《つつ》まれた。


そして、日《ひ》は流《なが》れ——。

九月《がつ》、幕府《ばくふ》に対《たい》し、ふたたび長州征伐《ちょうしゅうせいばつ》の勅許《ちょっきょ》が下《くだ》った。

が、幕府《ばくふ》はすぐに腰《こし》を上《あ》げなかった。

兵庫港《ひょうごこう》に、イギリス、フランス、オランダ、アメリカの四か国《こく》の公使《こうし》が艦隊《かんたい》を率《ひき》いて入港《にゅうこう》しており、なかなか開港《かいこう》しようとしない幕府《ばくふ》に対《たい》し、

「こうなれば、朝廷《ちょうてい》と直接《ちょくせつ》、話《はなし》をする」

と脅《おど》しをかけてきたので、その対応《たいおう》に追《お》われたのだ。

その一方《いっぽう》で、幕府《ばくふ》の老中《ろうじゅう》たちは、

「将軍様《しょうぐんさま》がわざわざ大坂《おおさか》までいらしたのだから、長州《ちょうしゅう》の者《もの》どもは恐《おそ》れをなして降伏《こうふく》してくるでしょう」

「ここはひとつ、どーんと構《かま》えていればいい」

などと楽観視《らっかんし》していたのである。

しかし、長州《ちょうしゅう》は恐《おそ》れをなして降伏《こうふく》してくるような動《うご》きは見《み》せず――。

十一月四日《がつよっか》、近藤《こんどう》は長州尋問使《ちょうしゅうじんもんし》として広島《ひろしま》へ向《む》かう幕府《ばくふ》の大目付《おおめつけ》・永井尚志《ながいなおゆき》に随行《ずいこう》し、西《にし》へと向《む》かうことになった。近藤《こんどう》に同道《どうどう》する新選組《しんせんぐみ》の隊士《たいし》は、伊東《いとう》、観柳斎《かんりゅうさい》、山崎《やまざき》、尾形《おがた》俊太郎《しゅんたろう》ら八名《めい》である。

永井《ながい》の役目《やくめ》は、長州《ちょうしゅう》の代表《だいひょう》に会見《かいけん》するためと、近藤《こんどう》ら新選組《しんせんぐみ》を長州本国《ちょうしゅうほんごく》へ派遣《はけん》し、長州《ちょうしゅう》藩《はん》の実態《じったい》を探《さぐ》らせることにあった。

「近藤《こんどう》さん、気《き》をつけてな」

「歳《とし》、私《わたし》のいない間《あいだ》、留守《るす》を頼《たの》む」

近藤《こんどう》は旅立《たびだ》ちにあたり、日野《ひの》の佐藤彦五郎《さとうひこごろう》ら新選組《しんせんぐみ》の後援者《こうえんしゃ》たちに宛《あ》てて、遺書《いしょ》をしたためた。

――万一《まんいち》の場合《ばあい》、あとのことは歳三《としぞう》に託《たく》します。天然理心流《てんねんりしんりゅう》は総司《そうじ》に譲《ゆず》りたく思《おも》います。何卒《なにとぞ》お心添《こころぞ》え、よろしくお願《ねが》い申《もう》し上《あ》げます。

長州《ちょうしゅう》は新選組《しんせんぐみ》を憎《にく》んでいる。これはいわば、敵陣《てきじん》に乗《の》り込《こ》むも同然《どうぜん》なので、近藤《こんどう》は死《し》をも覚悟《かくご》して、この任務《にんむ》に就《つ》いたのである。

しかし、近藤《こんどう》たちの長州本国《ちょうしゅうほんごく》への潜入《せんにゅう》は敵《かな》わなかった。様々《さまざま》な方法《ほうほう》を使《つか》って試《こころ》みたのだが、どうしても無理《むり》だった。近藤《こんどう》は仕方《しかた》なく、山崎《やまざき》と吉村《よしむら》のふたりを永井《ながい》直属《ちょくぞく》の斥候《せっこう》として残《のこ》し、十二月下旬《がつげじゅん》に帰京《ききょう》した。

「近藤《こんどう》さん、どうだった?」

「歳《とし》、長州《ちょうしゅう》はやる気《き》だ……。が、幕府方《ばくふかた》はどうにもやる気《き》がない」

長州藩《ちょうしゅうはん》は来《きた》るべき戦《いくさ》に備《そな》えて、着々《ちゃくちゃく》と準備《じゅんび》を進《すす》めている様子《ようす》だが、対《たい》する幕府軍《ばくふぐん》――広島《ひろしま》に派遣《はけん》された各藩《かくはん》の兵《へい》たちには戦意《せんい》がなく――。

「あのまま戦《いくさ》に突入《とつにゅう》したら、幕府《ばくふ》は負《ま》ける」

近藤《こんどう》はさっそく思《おも》うところを書《か》き記《しる》し、京都守護職《きょうとしゅごしょく》の松平容保《まつだいらかたもり》に建白書《けんぱくしょ》を提出《ていしゅつ》した。

――長州《ちょうしゅう》は恭順《きょうじゅん》の意《い》を示《しめ》してはいますが、陰《かげ》で戦《いくさ》の準備《じゅんび》を進《すす》めています。しかし、幕府《ばくふ》が派遣《はけん》した各藩《かくはん》の兵《へい》たちは著《いちじる》しく戦意《せんい》に欠《か》けており、このまま戦《いくさ》に突入《とつにゅう》しても勝算《しょうさん》はないでしょう。これ以上《いじょう》、長州《ちょうしゅう》を追《お》い詰《つ》めることなく、寛大《かんだい》な処置《しょち》を取《と》るべきかと存《ぞん》じます。

しかし、近藤《こんどう》の思《おも》いとは別《べつ》に、翌年《よくとし》の六月《がつ》、時代《じだい》は「第二次長州征伐《だいじちょうしゅうせいばつ》」へと流《なが》れていくのである。

第《だい》十二章《しょう》◆油小路《あぶらのこうじ》の変《へん》

年《とし》が明《あ》けて――慶応《けいおう》二年《ねん》（一八六六年《ねん》）一月《がつ》二十七日《にち》。

老中《ろうじゅう》の小笠原長行《おがさわらながみち》らに随行《ずいこう》し、近藤勇《こんどういさみ》はふたたび広島《ひろしま》へと発《た》つことになった。同道《どうどう》するのは、伊東甲子太郎《いとうかしたろう》、篠原泰之進《しのはらたいのしん》、尾形俊太郎《おがたしゅんたろう》の三人《にん》だ。

近藤《こんどう》と尾形《おがた》は三月《がつ》十二日《にち》に帰京《ききょう》したが、近藤《こんどう》と別行動《べっこうどう》を取《と》った伊東《いとう》と篠原《しのはら》の戻《もど》りは二十七日《にち》だった。

戻《もど》った近藤《こんどう》はさっそく、斥候《せっこう》の山崎烝《やまざきすすむ》たちの報告《ほうこく》をまとめ、建白書《けんぱくしょ》を提出《ていしゅつ》したが、抗戦《こうせん》派《は》の幕閣《ばっかく》たちは聞《き》き入《い》れない。

かくして――。

六月七日《がつなのか》、幕府《ばくふ》の軍艦《ぐんかん》が周防大島《すおうおおしま》を砲撃《ほうげき》し、戦《いくさ》がはじまった。

が、ふたを開《あ》けてみれば、近藤《こんどう》が懸念《けねん》していたように、幕府《ばくふ》は大軍《たいぐん》で向《む》かったにもかかわらず、参加《さんか》した三十二藩《はん》のほとんどは戦意《せんい》がなかった。

対《たい》する長州《ちょうしゅう》は、最新式《さいしんしき》の武器《ぶき》をそろえ、勢《いきお》いよく迎《むか》え撃《う》つ。

幕府《ばくふ》にとっての大《おお》きな痛手《いたで》は、武器《ぶき》の違《ちが》いだけではなく、同《おな》じ公武合体派《こうぶがったいは》だったはずの薩摩藩《さつまはん》が戦《いくさ》に参加《さんか》していないことであった。のちに判明《はんめい》することだが、この年《とし》の一月《がつ》二十一日《にち》に、土佐浪士《とさろうし》・坂本龍馬《さかもとりょうま》の仲介《ちゅうかい》により、薩摩《さつま》の西郷吉之助《さいごうきちのすけ》と長州《ちょうしゅう》の桂小五郎《かつらこごろう》が「薩長同盟《さっちょうどうめい》」を結《むす》び、反幕《はんばく》の意志《いし》を固《かた》めていたのだ。

七月《がつ》に入《はい》ると、幕府《ばくふ》の敗色《はいしょく》は濃厚《のうこう》になり――。敗戦《はいせん》の報《ほう》ばかり届《とど》く中《なか》、大坂城《おおさかじょう》に詰《つ》めていた将軍《しょうぐん》・家茂《いえもち》が死去《しきょ》した。まだ二十一歳《さい》という若《わか》さであった。

幕府《ばくふ》はひと月後《つきご》に将軍《しょうぐん》の死《し》を公表《こうひょう》し、幕臣《ばくしん》の勝海舟《かつかいしゅう》を使者《ししゃ》に立《た》てて、長州《ちょうしゅう》に和平《わへい》を申《もう》し入《い》れ――。

こうして、二度《にど》にわたる「長州征伐《ちょうしゅうせいばつ》」は終《お》わったのである。

◆◆◆

十二月五日《がついつか》、孝明天皇《こうめいてんのう》の信頼《しんらい》も厚《あつ》い、一橋慶喜《ひとつばしよしのぶ》が第《だい》十五代将軍《だいしょうぐん》に就任《しゅうにん》した。慶喜《よしのぶ》は子《こ》どもの頃《ころ》から「いずれは将軍《しょうぐん》に」と周《まわ》りから期待《きたい》されていた、頭《あたま》の切《き》れる男《おとこ》である。

慶喜《よしのぶ》の手腕《しゅわん》により、幕府《ばくふ》はふたたびかつての威光《いこう》を取《と》り戻《もど》すかに見《み》えたが――。

十二月二十五日《がつにち》、孝明天皇《こうめいてんのう》が病《やまい》のため、突然《とつぜん》、亡《な》くなってしまったのである。

公武合体派《こうぶがったいは》の孝明天皇《こうめいてんのう》の後《うし》ろ盾《だて》を失《うしな》ったことは、幕府《ばくふ》にとっては大《おお》きな衝撃《しょうげき》だった。孝《こう》明天皇《めいてんのう》は「幕府《ばくふ》と朝廷《ちょうてい》が手《て》を取《と》り合《あ》い、攘夷《じょうい》をなすべき」と考《かんが》えていたからである。

年《とし》が明《あ》けた慶応《けいおう》三年《ねん》（一八六七年《ねん》）一月九日《がつここのか》、わずか十六歳《さい》の明治天皇《めいじてんのう》が即位《そくい》。

これにより、時代《じだい》の流《なが》れは、討幕《とうばく》へとますます傾《かたむ》いていくのだが……。

そんな折《おり》、新選組《しんせんぐみ》の隊士全員《たいしぜんいん》を「幕府《ばくふ》の直参《じきさん》に取《と》り立《た》てる」という内示《ないじ》が出《で》た。

局長《きょくちょう》の近藤《こんどう》は旗本《はたもと》の扱《あつか》いとなり、将軍《しょうぐん》に拝謁《はいえつ》できる「お目見《めみ》え以上《いじょう》」の身分《みぶん》となるのだ。

「近藤《こんどう》さんは、これで名実《めいじつ》ともに武士《ぶし》になれるんだな！」

「すごいですよ、近藤《こんどう》さん！」

土方《ひじかた》と沖田総司《おきたそうじ》はもろてを挙《あ》げて喜《よろこ》び、井上源三郎《いのうえげんざぶろう》も「郷里《きょうり》の皆《みな》も誇《ほこ》りに思《おも》うことでしょう」と目《め》を潤《うる》ませる。

しかし、内心《ないしん》「このままでは、まずい」と、焦《あせ》っている男《おとこ》がいた。

現在《げんざい》、参謀《さんぼう》の地位《ちい》にある伊東《いとう》である。

伊東《いとう》は実《じつ》は討幕《とうばく》に傾《かたむ》いており、このまま新選組《しんせんぐみ》にはいられない、と考《かんが》えていたが、局中《きょくちゅう》法度《はっと》により抜《ぬ》けることは敵《かな》わない。幹部《かんぶ》の山南敬助《さんなんけいすけ》のように、腹《はら》を切《き》らされるのは目《め》に見《み》えているからだ。

（正式《せいしき》に通達《つうたつ》が下《お》りる前《まえ》に、なんとかしなければ――）

焦《あせ》った伊東《いとう》は秘密裡《ひみつり》に討幕派《とうばくは》の公家《くげ》に働《はたら》きかけ、新選組《しんせんぐみ》から離《はな》れる正当《せいとう》な理由《りゆう》を手《て》に入《い》れることに成功《せいこう》した。

昨年末《さくねんまつ》に亡《な》くなった孝明天皇《こうめいてんのう》の御陵《ごりょう》を守《まも》る「御陵衛士《ごりょうえじ》」の拝命《はいめい》である。

その旨《むね》を近藤《こんどう》と土方《ひじかた》に伝《つた》え、

「薩長《さっちょう》を欺《あざむ》くために、新選組《しんせんぐみ》から離《はな》れるかたちを取《と》り、敵《てき》の情報《じょうほう》を得《え》る」

と、もっともらしい口実《こうじつ》も作《つく》った。

かくして、特例《とくれい》として「局《きょく》を脱《だっ》する」ことを認《みと》められた伊東《いとう》は、かつての門人《もんじん》である藤《とう》堂平助《どうへいすけ》にも声《こえ》をかけた。

「藤堂《とうどう》くん、私《わたし》とともに行《い》かないか」

「……少《すこ》し考《かんが》えさせてください」

近藤《こんどう》にも恩義《おんぎ》がある平助《へいすけ》は悩《なや》んだ末《すえ》、師匠《ししょう》の伊東《いとう》に義理《ぎり》を立《た》てるかたちでついて行《い》くことを決《き》めたのだが、もうひとり、

「……俺《おれ》も連《つ》れて行《い》ってくれ」

と申《もう》し出《で》た男《おとこ》がいた。斎藤一《さいとうはじめ》だ。斎藤《さいとう》はこの年《とし》の正月《しょうがつ》も伊東《いとう》たちと三日《みっか》にわたって酒宴《しゅえん》に興《きょう》じるなどして、親睦《しんぼく》を深《ふか》めていたのである。

「歓迎《かんげい》するよ、斎藤《さいとう》くん。では、ごめんつかまつる」

伊東《いとう》は弟《おとうと》の鈴木三木三郎《すずきみきさぶろう》、篠原《しのはら》、加納鷲雄《かのうわしお》などの一派《いっぱ》に平助《へいすけ》と斎藤《さいとう》も加《くわ》え、計《けい》十六名《めい》の隊士《たいし》たちを連《つ》れて新選組《しんせんぐみ》を出《で》て行《い》った。

◆◆◆

その年《とし》の十月《がつ》十四日《か》。

第《だい》十五代将軍《だいしょうぐん》・徳川慶喜《とくがわよしのぶ》が驚《おどろ》くべき行動《こうどう》に出《で》た。

討幕派《とうばくは》の矛先《ほこさき》をかわすため、

「大政奉還《たいせいほうかん》」

に踏《ふ》み切《き》ったのである。

これは、朝廷《ちょうてい》に政権《せいけん》を返上《へんじょう》するという、思《おも》い切《き》った策《さく》であった。慶喜《よしのぶ》は「朝廷《ちょうてい》がまともに政治《せいじ》を行《おこな》えるはずがない」と踏《ふ》み、そのうち公家《くげ》たちが幕府《ばくふ》に泣《な》きついてくるだろうと考《かんが》えたのだ。

そのとき、土方《ひじかた》は源三郎《げんざぶろう》とともに、近藤《こんどう》の養父《ようふ》で天然理心流三代目《てんねんりしんりゅうだいめ》の周助《しゅうすけ》の見舞《みま》いと隊《たい》士募集《しぼしゅう》のために江戸《えど》に滞在中《たいざいちゅう》であり、「大政奉還《たいせいほうかん》」という前代未聞《ぜんだいみもん》の事態《じたい》になっていることを知《し》ったのは、新規隊士《しんきたいし》を引《ひ》き連《つ》れて京《きょう》へ向《む》かう旅《たび》の途中《とちゅう》だった。

驚《おどろ》いたのもつかのま、土方《ひじかた》たちは三島宿《みしましゅく》のあたりから、「ええじゃないか、ええじゃないか」と宿場《しゅくば》ごとに人々《ひとびと》が昼《ひる》も夜《よる》も踊《おど》り狂《くる》う騒動《そうどう》も見《み》た。

「土方《ひじかた》さん、世《よ》も末《すえ》な気《き》がします……」

「源《げん》さん、なに言《い》ってるんだ。将軍様《しょうぐんさま》は政権《せいけん》を返上《へんじょう》したかもしれねえが、徳川《とくがわ》は終《お》わっちゃいねえよ。この様子《ようす》じゃ、京《きょう》では薩長《さっちょう》のやつらが図《ず》に乗《の》ってるに違《ちが》いない。そいつらを取《と》り締《し》まるのが俺《おれ》たちの仕事《しごと》だ」

土方《ひじかた》は源三郎《げんざぶろう》に向《む》かって言《い》っているようで、実《じつ》は自分《じぶん》に言《い》い聞《き》かせていたのだ。

（早《はや》く帰《かえ》らねえと――）

旅路《たびじ》を急《いそ》いだ土方《ひじかた》たちは、十一月三日《がつみっか》、京《きょう》に戻《もど》った。


京《きょう》ではその後《ご》も、討幕派《とうばくは》の浪士《ろうし》たちと、それを取《と》り締《し》まる幕府方《ばくふがた》との斬《き》り合《あ》いが続《つづ》き、十一月十五日《がつにち》には、「薩長同盟《さっちょうどうめい》」を仲介《ちゅうかい》した土佐浪士《とさろうし》の坂本《さかもと》と中岡慎太郎《なかおかしんたろう》が暗殺《あんさつ》された。

そんなある日、御陵衛士《ごりょうえじ》に加《くわ》わった斎藤《さいとう》が、新選組《しんせんぐみ》に戻《もど》ってきた。

「伊東《いとう》は、近藤《こんどう》さんの暗殺《あんさつ》を企《くわだ》てています」

実《じつ》は斎藤《さいとう》は、近藤《こんどう》や土方《ひじかた》が放《はな》った斥候《せっこう》だったのだ。伊東《いとう》は「近藤暗殺《こんどうあんさつ》」というみやげを手《て》に、薩摩《さつま》に寝返《ねがえ》り、討幕派《とうばくは》に転《てん》じるつもりだという。

「あの野郎《やろう》、ついに尻尾《しっぽ》を出《だ》しやがったな！　こうなれば、やつらの屯所《とんしょ》に大砲《たいほう》を撃《う》ち込《こ》んでやる！」

「歳《とし》、落《お》ち着《つ》け。ここは確実《かくじつ》に殺《や》るべきだ」

憤《いきどお》る土方《ひじかた》を近藤《こんどう》がなだめ、他《ほか》の幹部《かんぶ》たちに話《はなし》をした。

「実《じつ》は、前《まえ》から気《き》になっていたことがある。二度目《にどめ》に広島《ひろしま》へ派遣《はけん》された際《さい》、伊東《いとう》は帰《かえ》りに別行動《べっこうどう》を取《と》った。たぶん、あのときから薩摩《さつま》や長州《ちょうしゅう》とつながっていたんだろう」

伊東《いとう》のことをずっと怪《あや》しんでいた近藤《こんどう》は、土方《ひじかた》にも相談《そうだん》してから斎藤《さいとう》に密命《みつめい》を下《くだ》し、御《ご》陵衛士《りょうえじ》の間《あいだ》に潜《ひそ》ませたのである。

「ったく、とんでもねえやつだな」

原田左之助《はらださのすけ》が舌打《したう》ちし、

「斎藤《さいとう》くん、君《きみ》が近藤《こんどう》さんの意《い》を受《う》けてやつらに紛《まぎ》れていたことは、バレてないんだろうな？」

と永倉新八《ながくらしんぱち》が確認《かくにん》すると、

「ああ、俺《おれ》は抜《ぬ》け出《だ》す際《さい》、伊東《いとう》のへそくりを五十両《りょう》、盗《ぬす》んできた。やつらは俺《おれ》が女《おんな》に入《い》れ上《あ》げて、金《かね》を持《も》って逃《に》げたと思《おも》ってる。新選組《しんせんぐみ》に戻《もど》ったなんて夢《ゆめ》にも思《おも》わないだろう」

すると、近藤《こんどう》がすぐに策《さく》を立《た》てた。

「金《かね》で思《おも》い出《だ》したが、以前《いぜん》、伊東《いとう》が軍資金《ぐんしきん》三百両《りょう》を用立《ようだ》ててほしい、と言《い》ってきたことがあった。金《かね》ができたと言《い》って、やつらを呼《よ》び出《だ》そう」

面会《めんかい》するのは屯所《とんしょ》ではなく、相手《あいて》を警戒《けいかい》させないよう、近藤《こんどう》が囲《かこ》っている、お孝《こう》という女《おんな》の家《いえ》にした。「そこで金《かね》を渡《わた》す」と連絡《れんらく》すると、十一月《がつ》十八日《にち》、伊東《いとう》は金《かね》に釣《つ》られてやってきた。

「伊東《いとう》さん、お待《ま》たせしました。どうぞお使《つか》いください」

土方《ひじかた》が金《かね》の包《つつ》みを渡《わた》すと、伊東《いとう》は「いや、かたじけない」と礼《れい》を言《い》って受《う》け取《と》った。

「どうです？　積《つ》もる話《はなし》もありますし、久《ひさ》しぶりに飲《の》みませんか。おい！」

近藤《こんどう》が手《て》を叩《たた》くと、お孝《こう》が酒《さけ》や肴《さかな》を運《はこ》んできた。

金《かね》を手《て》に入《い》れて気《き》が緩《ゆる》んでいる伊東《いとう》は「そうですね」と、足《あし》を崩《くず》してあぐらをかく。

土方《ひじかた》が伊東《いとう》に酒《さけ》を勧《すす》めながら、

「尊王攘夷《そんのうじょうい》について、今夜《こんや》はぜひとも伊東先生《いとうせんせい》の御高説《ごこうせつ》を承《うけたまわ》りたい」

と水《みず》を向《む》けると、

「そもそも、日本《にほん》という国《くに》は――」

水戸学《みとがく》を修《おさ》めた伊東《いとう》は堰《せき》を切《き》ったように語《かた》りだし、それと同時《どうじ》に酒《さけ》も回《まわ》っていく。

話《はなし》の内容《ないよう》は、様々《さまざま》な範囲《はんい》に飛《と》び、

「そういえば、武田《たけだ》くんは実《じつ》に憐《あわ》れでしたね」

と酔《よ》いの回《まわ》った伊東《いとう》がつぶやいた。

武田観柳斎《たけだかんりゅうさい》は昨年《さくねん》の十月《がつ》に脱走《だっそう》したのち、薩摩《さつま》に通《つう》じたことが判明《はんめい》し、今年《ことし》の六月《がつ》二十二日《にち》に斬《き》られている。

（あんたも薩摩《さつま》と通《つう》じているんだろうに……）

白々《しらじら》しさに腹《はら》を立《た》てつつ、

「同《おな》じ軍奉行《いくさぶぎょう》でも、差《さ》は明《あき》らかだったな。あいつのおべっかと古臭《ふるくさ》い軍法《ぐんぽう》には、俺《おれ》は辟易《へきえき》してたんだ」

土方《ひじかた》が観柳斎《かんりゅうさい》の悪口《わるぐち》にかこつけて、何気《なにげ》に持《も》ち上《あ》げると、

「土方《ひじかた》さん、まあ、そう言《い》わず。武田《たけだ》くんはあれでも精一杯《せいいっぱい》やっていたんですから」

と、伊東《いとう》は機嫌《きげん》よく酒《さけ》を飲《の》み干《ほ》した。自分《じぶん》は観柳斎《かんりゅうさい》のようにはならない、という自信《じしん》が見《み》て取《と》れる。

すっかり泥酔《でいすい》した伊東《いとう》は戌《いぬ》の刻《こく》（午後《ごご》八時《じ》）頃《ごろ》、席《せき》を立《た》ち、

「いや、ごちそうになりました。そろそろ戻《もど》ります。また飲《の》みましょう」

鼻歌《はなうた》を歌《うた》いながら上機嫌《じょうきげん》で帰《かえ》って行《い》くと、ふすまの向《む》こうで待機《たいき》していた永倉《ながくら》や左之助《さのすけ》が、すっ、と立《た》ち上《あ》がった。

出《で》て行《い》く彼《かれ》らに、近藤《こんどう》が言《い》った。

「もし、平助《へいすけ》が来《き》たら、あいつだけは助《たす》けてやってくれ」

平助《へいすけ》は伊東《いとう》に義理《ぎり》を立《た》てただけで、近藤憎《こんどうにく》しで隊《たい》を離《はな》れたわけではない。

「もとより、承知《しょうち》」

永倉《ながくら》と左之助《さのすけ》がうなずき、外《そと》へ出《で》て行《い》く。

まもなく、油小路《あぶらのこうじ》にさしかかったところで、すっかり油断《ゆだん》していた伊東《いとう》は、物陰《ものかげ》に潜《ひそ》んでいた隊士《たいし》たちに背後《はいご》から槍《やり》で突《つ》かれ、叫《さけ》ぶ間《ま》もなく命《いのち》を落《お》とした。

「やったか？」

「ああ……あっけなかったな」

地面《じめん》に斃《たお》れ伏《ふ》した伊東《いとう》からは酒《さけ》の匂《にお》いがした。それが血《ち》の匂《にお》いと交《ま》じり、夜《よる》の道《みち》を這《は》っていく。

その後《ご》、彼《かれ》らは手《て》はず通《どお》り、伊東《いとう》の遺骸《いがい》を十字路《じゅうじろ》まで運《はこ》び、町役人《まちやくにん》に化《ば》けた馬丁《ばてい》を御陵《ごりょう》衛士《えじ》の屯所《とんしょ》へ走《はし》らせて、「伊東《いとう》の遺体《いたい》を引《ひ》き取《と》るように」と告《つ》げさせた。

十字路《じゅうじろ》付近《ふきん》の物陰《ものかげ》には、伊東《いとう》の遺骸《いがい》を運《はこ》びにくる一派《いっぱ》の者《もの》たちを一網打尽《いちもうだじん》に討《う》つべく、永倉《ながくら》や左之助《さのすけ》が率《ひき》いる三十数名《すうめい》の隊士《たいし》たちが待《ま》ち構《かま》える。

(平助《へいすけ》、おまえは来《こ》ないでくれ……)

永倉《ながくら》と左之助《さのすけ》は待《ま》っている間《あいだ》、じっと祈《いの》った。

そして――もうすぐ日付《ひづけ》が変《か》わろうという頃《ころ》、伊東一派《いとういっぱ》が八名《めい》、駆《か》けつけた。

「伊東先生《いとうせんせい》⁉」

「くそっ、いったい誰《だれ》が……とにかく運《はこ》ぼう」

八名《めい》が悲《かな》しみに暮《く》れる間《ま》もなく、伊東《いとう》の遺骸《いがい》を駕籠《かご》に乗《の》せようとしたときだった。

「かかれ！」

物陰《ものかげ》から飛《と》び出《だ》した隊士《たいし》たちが次々《つぎつぎ》と斬《き》りかかった！

この戦《たたか》いでは三名《めい》の御陵衛士《ごりょうえじ》が命《いのち》を落《お》とし、他《ほか》の五名《めい》は命《いのち》からがら逃《に》げ去《さ》った。

暗《くら》い中《なか》での斬《き》り合《あ》いゆえ、襲撃《しゅうげき》の際《さい》はろくに顔《かお》を確認《かくにん》できなかったのだが――。

「ああっ、平助《へいすけ》！」

左之助《さのすけ》と永倉《ながくら》が、刀《かたな》を握《にぎ》ったまま倒《たお》れ伏《ふ》している平助《へいすけ》を確認《かくにん》し、悔《くや》しげに唇《くちびる》を噛《か》む。

伊東《いとう》の暗殺《あんさつ》には成功《せいこう》したものの、こうしてまた、試衛館時代《しえいかんじだい》からの仲間《なかま》をひとり失《うしな》ってしまったのである。

第《だい》十二章《しょう》◆江戸幕府滅亡《えどばくふめつぼう》と鳥羽《とば》・伏見《ふしみ》の戦《たたか》い

十二月九日《がつここのか》、公家《くげ》の岩倉具視《いわくらともみ》が画策《かくさく》した「王政復古《おうせいふっこ》の大号令《だいごうれい》」が天皇《てんのう》により発《はっ》せられた。天皇《てんのう》を補佐《ほさ》する摂政《せっしょう》や関白《かんぱく》だけでなく、幕府《ばくふ》も廃絶《はいぜつ》し、天皇《てんのう》の下《もと》に新《あら》たな政権《せいけん》を樹立《じゅりつ》するという内容《ないよう》だ。朝廷《ちょうてい》は泣《な》きつくどころか、徳川慶喜《とくがわよしのぶ》の裏《うら》をかいたのである。岩倉《いわくら》に協力《きょうりょく》したのが、薩摩《さつま》と長州《ちょうしゅう》だと知《し》り、幕府方《ばくふがた》は怒《いか》りに震《ふる》えた。

「幕府《ばくふ》が正式《せいしき》に廃止《はいし》されるなど……」

「また戦《いくさ》になるな。薩長《さっちょう》のやつらのいいようにはさせん！」

幕臣《ばくしん》の永井尚志《ながいなおゆき》に従《したが》った新選組《しんせんぐみ》はいったん大坂《おおさか》に下《くだ》り、その後《ご》、十六日《にち》に伏見奉行所《ふしみぶぎょうしょ》の警衛《けいえい》の任《にん》に就《つ》いた。

伏見《ふしみ》は名水《めいすい》で知《し》られるところで、酒造《さけづく》りの盛《さか》んな町《まち》である。

人々《ひとびと》は「町《まち》が戦場《せんじょう》になるのでは」と動揺《どうよう》し、これを安心《あんしん》させるため、幕府《ばくふ》は「新選組局《しんせんぐみきょく》長《ちょう》、近藤勇《こんどういさみ》が布陣《ふじん》した。安心《あんしん》して商売《しょうばい》を続《つづ》けるように」という触《ふ》れ書《が》きを出《だ》した。

ところが――。

伏見《ふしみ》に布陣《ふじん》した二日後《ふつかご》、近藤《こんどう》が伊東一派《いとういっぱ》の残党《ざんとう》に襲撃《しゅうげき》され、右肩《みぎかた》を銃《じゅう》で撃《う》たれてしまった。

そのとき、近藤《こんどう》に随行《ずいこう》していたのは、わずか四名《めい》。撃《う》たれた瞬間《しゅんかん》、島田魁《しまだかい》が馬《うま》の尻《しり》を刀《かたな》で叩《たた》き、近藤《こんどう》は痛《いた》みを堪《こら》えながら伏見奉行所《ふしみぶぎょうしょ》へ駆《か》け込《こ》んだ。

「誰《だれ》かいないか！」

異変《いへん》に気《き》づいた永倉新八《ながくらしんぱち》が出《で》てきて、

「一番隊《ばんたい》、二番隊《ばんたい》は俺《おれ》に続《つづ》け！」

と、組頭《くみがしら》である沖田総司《おきたそうじ》不在《ふざい》の一番隊《ばんたい》も率《ひき》いてただちに出動《しゅつどう》したが、ついに犯人《はんにん》を捕《と》らえることはできなかった。

近藤《こんどう》はすぐに医師《いし》・松本良順《まつもとりょうじゅん》の治療《ちりょう》を受《う》けたが、

「……もう二度《にど》と剣《けん》を振《ふ》るうことはできないでしょう」

と言《い》われてしまった。

それはあまりにも残酷《ざんこく》な事実《じじつ》だった。病床《びょうしょう》の沖田《おきた》は泣《な》くほど悔《くや》しがり、

「今《いま》から近藤《こんどう》さんを襲《おそ》ったやつらを討《う》ち取《と》りに行《い》きます！」

と刀《かたな》に手《て》をかけたが、立《た》っているのもつらい様子《ようす》だ。この頃《ころ》には病状《びょうじょう》がさらに進行《しんこう》し、残念《ざんねん》ながら職務《しょくむ》を果《は》たせなくなっていたのである。

「ここでは充分《じゅうぶん》な治療《ちりょう》ができない。大坂《おおさか》へ移《うつ》ったほうがいい」

ということになり、近藤《こんどう》は沖田《おきた》も連《つ》れて大坂《おおさか》へ行《い》くことになった。

「すまない、歳《とし》……新選組《しんせんぐみ》を頼《たの》む」

「ああ、安心《あんしん》して治療《ちりょう》に専念《せんねん》してくれ」

近藤《こんどう》の目《め》を見《み》て、土方《ひじかた》は力強《ちからづよ》くうなずいた。

◆◆◆

めまぐるしく動《うご》く時《とき》の中《なか》で、緊迫《きんぱく》した空気《くうき》が走《はし》っていたのは、なにも京《きょう》だけではなかった。幕府《ばくふ》のお膝元《ひざもと》――つまり、江戸《えど》でも討幕派《とうばくは》が動《うご》いていたのである。

薩摩藩《さつまはん》が浪士《ろうし》たちに、強盗《ごうとう》や放火《ほうか》などの狼藉《ろうぜき》を働《はたら》かせ、市中《しちゅう》の警備《けいび》に就《つ》いていた庄内藩《しょうないはん》がついに我慢《がまん》ならなくなり、三田《みた》の薩摩藩邸《さつまはんてい》を砲撃《ほうげき》した。

世《よ》に言《い》う「薩摩藩邸《さつまはんてい》焼《や》き討《う》ち事件《じけん》」である。

実《じつ》はこれは、西郷吉之助《さいごうきちのすけ》が徳川慶喜《とくがわよしのぶ》を挙兵《きょへい》させるためにした挑発行為《ちょうはつこうい》だった。

そうとは知《し》らず、幕臣《ばくしん》たちは「薩摩《さつま》討《う》つべし！」の声《こえ》を上《あ》げ、焚《た》きつけられた慶喜《よしのぶ》は年《とし》が明《あ》けた慶応《けいおう》四年《ねん》（一八六八年《ねん》）元日《がんじつ》、「討薩《とうさつ》の表《ひょう》」を発《はっ》し、薩摩《さつま》を討《う》つことを明言《めいげん》。

一月三日《がつみっか》の夕刻《ゆうこく》、下鳥羽《しもとば》で戦端《せんたん》が開《ひら》かれた。鳥羽街道《とばかいどう》を北上《ほくじょう》し、京《きょう》へ向《む》かっていた旧幕府軍《きゅうばくふぐん》に薩摩軍《さつまぐん》が発砲《はっぽう》したのだ。

この銃声《じゅうせい》は、伏見奉行所《ふしみぶぎょうしょ》にいた土方《ひじかた》の耳《みみ》にも聞《き》こえた。

「はじまったか！」

そのとき、土方《ひじかた》は隊士《たいし》たちと酒《さけ》を酌《く》み交《か》わしていた。伏見《ふしみ》の名酒《めいしゅ》の鏡《かがみ》を割《わ》り、隊士《たいし》たちを鼓舞《こぶ》していたのだ。水路《すいろ》が張《は》り巡《めぐ》らされた伏見《ふしみ》の冬《ふゆ》は底冷《そこび》えがひどく、酒《さけ》でも飲《の》まないと身体《からだ》が冷《ひ》えるというのもある。

土方《ひじかた》はすぐには動《うご》かず、

「皆《みな》、騒《さわ》ぐな！　軍《ぐん》の首途《かどで》を祝《いわ》い、今《いま》しばらく宴《うたげ》を張《は》ろう」

と、時《とき》が来《く》るのを待《ま》つ。

そして、敵《てき》の砲弾《ほうだん》が奉行所《ぶぎょうしょ》の庇《ひさし》を砕《くだ》き、酒宴《しゅえん》の席《せき》に破片《はへん》が飛《と》んでくるに至《いた》り、満《まん》を持《じ》して隊士《たいし》たちを集《あつ》め、指示《しじ》を出《だ》した。

「よし、大砲《たいほう》を撃《う》ち込《こ》め！」

薩摩《さつま》が陣《じん》を張《は》った御香宮神社《ごこうのみやじんじゃ》に向《む》けて、砲撃《ほうげき》を開始《かいし》。

すでに日《ひ》は落《お》ち、夜《よる》になっているが、はじまったばかりの戦闘《せんとう》はどんどん激《はげ》しくなり、奉行所《ぶぎょうしょ》にも薩摩《さつま》の砲弾《ほうだん》が次々《つぎつぎ》と撃《う》ち込《こ》まれた。高台《たかだい》に位置《いち》する御香宮神社《ごこうのみやじんじゃ》からの砲撃《ほうげき》が有利《ゆうり》なのは当然《とうぜん》で、坂《さか》の途中《とちゅう》にある奉行所《ぶぎょうしょ》は元《もと》から不利《ふり》なのだ。

「こうなったら、敵陣《てきじん》に斬《き》り込《こ》むしかねえ！　永倉《ながくら》くん、行《い》ってくれるか！」

「はい！　島田《しまだ》、行《い》くぞ！」

永倉《ながくら》はただちに、伍長《ごちょう》の島田《しまだ》とともに一番隊《ばんたい》と二番隊《ばんたい》を率《ひき》いて出撃《しゅつげき》していく。

「おおーっ！」

「うわあ、新選組《しんせんぐみ》だ！」

怒濤《どとう》のように迫《せま》る新選組《しんせんぐみ》に薩摩兵《さつまへい》は怯《ひる》み、退却《たいきゃく》して行《い》ったが、道《みち》の両側《りょうがわ》の民家《みんか》が燃《も》える火《ひ》が邪魔《じゃま》で永倉《ながくら》たちは追撃《ついげき》を断念《だんねん》せざるを得《え》なかった。

「奉行所《ぶぎょうしょ》へ戻《もど》るぞ！」

奉行所《ぶぎょうしょ》の土塀《どべい》に取《と》りつき、隊士《たいし》たちは次々《つぎつぎ》とそれを乗《の》り越《こ》えて行《い》くが、大将《たいしょう》の永倉《ながくら》は身《み》に着《つ》けた武具《ぶぐ》が重《おも》く、思《おも》うように身体《からだ》を持《も》ち上《あ》げられない。

「永倉《ながくら》さん！」

先《さき》に塀《へい》に上《あ》がった島田《しまだ》が、「これにつかまってください！」と銃《じゅう》を横棒《よこぼう》のようにして差《さ》し出《だ》す。銃身《じゅうしん》を握《にぎ》った永倉《ながくら》を、島田《しまだ》は軽々《かるがる》と引《ひ》っ張《ぱ》り上《あ》げた。

島田《しまだ》の怪力《かいりき》に、新選組《しんせんぐみ》の面々《めんめん》は沸《わ》き立《た》った。

「戦《いくさ》はこれからだ！」

「おおーっ」

しかし、運《うん》は薩摩《さつま》に味方《みかた》した。飛《と》び込《こ》んだ砲弾《ほうだん》のひとつが火薬庫《かやくこ》を直撃《ちょくげき》し、奉行所《ぶぎょうしょ》が炎《えん》上《じょう》してしまったのである。

炎《ほのお》が明《あか》るく、夜《よる》の伏見一帯《ふしみいったい》を照《て》らす。

「くそっ……薩摩《さつま》め」

土方《ひじかた》は忌々《いまいま》しげに炎《ほのお》をにらみつける。

新選組《しんせんぐみ》は奉行所《ぶぎょうしょ》を捨《す》て、淀方面《よどほうめん》へと退却《たいきゃく》するしかなかった。

◆◆◆

翌四日《よくよっか》の朝《あさ》から、態勢《たいせい》を立《た》て直《なお》した旧幕府軍《きゅうばくふぐん》は薩長軍《さっちょうぐん》に迫《せま》ったが――。

敵軍《てきぐん》に翻《ひるがえ》る赤《あか》い長旗《ながばた》を見《み》たとたん、状況《じょうきょう》が一変《いっぺん》した。

「錦《にしき》の御旗《みはた》だと⁉」

それは、薩長軍《さっちょうぐん》が天皇《てんのう》の意《い》を受《う》けた「官軍《かんぐん》」であると知《し》らしめるものであった。

この瞬間《しゅんかん》、旧幕府軍《きゅうばくふぐん》は朝廷《ちょうてい》に楯突《たてつ》く「賊軍《ぞくぐん》」に落《お》ちたのである。

錦《にしき》の御旗《みはた》を掲《かか》げる薩摩軍《さつまぐん》を、土方率《ひじかたひき》いる新選組《しんせんぐみ》は淀《よど》の千両松《せんりょうまつ》にて迎《むか》え撃《う》った。

最新式《さいしんしき》の武器《ぶき》をそろえた薩摩《さつま》は、激《はげ》しく銃撃《じゅうげき》してくる。

「埒《らち》が明《あ》かねえな。こうなったら、新選組《しんせんぐみ》らしく行《い》くぜ！」

土方《ひじかた》が抜刀《ばっとう》すると、永倉《ながくら》が甲冑《かっちゅう》を脱《ぬ》ぎ捨《す》てた。

「みんな、身軽《みがる》になれ！　斬《き》り込《こ》むぞ！」

「おお――っ！」

「新選組《しんせんぐみ》だ、逃《に》げろ！」

剣客集団《けんかくしゅうだん》として名高《なだか》い新選組《しんせんぐみ》の突撃《とつげき》とあって、薩摩兵《さつまへい》は腰《こし》を抜《ぬ》かし、退却《たいきゃく》する者《もの》も出《で》はじめた。いくら銃《じゅう》が強《つよ》いとはいえ、弾《たま》が切《き》れれば装填《そうてん》に手間《てま》取《ど》る。そうしているうちに斬《き》られるからだ。

押《お》したり退《ひ》いたりを繰《く》り返《かえ》し、淀《よど》まで退《しりぞ》いた土方《ひじかた》たちは会津藩《あいづはん》と合流《ごうりゅう》した。

「俺《おれ》たちは、やっぱり剣《けん》だな」

土方《ひじかた》が笑《わら》いながら愛刀《あいとう》を鞘《さや》に収《おさ》めると、少年隊士《しょうねんたいし》がひとり、木《き》の下《した》で膝《ひざ》を抱《かか》えてガタガタと震《ふる》えているのが目《め》に入《はい》った。小姓《こしょう》の市村鉄之助《いちむらてつのすけ》だ。

「おい、鉄之助《てつのすけ》、大丈夫《だいじょうぶ》か」

「は、はい……大丈夫《だいじょうぶ》です！　これは武者震《むしゃぶる》いですから！」

虚勢《きょせい》を張《は》った鉄之助《てつのすけ》を見下《みお》ろして、土方《ひじかた》が「そうか」と笑《え》む。

「おまえの兄貴《あにき》はどうした?」

「……──」

鉄之助《てつのすけ》が答《こた》えないでいると、そばにいた隊士《たいし》が代《か》わりに答《こた》えた。

「辰之助《たつのすけ》なら、腰抜《こしぬ》かしながら逃《に》げちまいやしたぜ。弟《おとうと》を見捨《みす》てて、な」

その瞬間《しゅんかん》、鉄之助《てつのすけ》がすっくと立《た》ち上《あ》がった。

「あ、兄《あに》の分《ぶん》も私《わたし》が一生懸命《いっしょうけんめい》務《つと》めますから! で、ですから、もし見《み》つけても……」

「斬《き》らねえでくれってんだろ? だが、法度《はっと》に背《そむ》いたやつは生《い》かしちゃおけねえな。しかし……昔《むかし》なら追《お》っ手《て》を差《さ》し向《む》けたところだが、このザマじゃ無理《むり》だな」

脱走《だっそう》したのは、辰之助《たつのすけ》だけではない。

土方《ひじかた》は鉄之助《てつのすけ》の肩《かた》を叩《たた》き、他《ほか》の隊士《たいし》たちの様子《ようす》も見《み》て回《まわ》った。

すると、血《ち》まみれの井上泰助《いのうえたいすけ》を見《み》つけた。彼《かれ》は源三郎《げんざぶろう》の甥《おい》で、まだ十二歳《さい》だ。泰助《たいすけ》はうなだれて、泣《な》き続《つづ》けている。

「泰助《たいすけ》、どうした?」

「土方《ひじかた》さん……おじさんが……やられました」

泰助《たいすけ》の話《はなし》では、淀堤《よどづつみ》で戦《たたか》っていた源三郎《げんざぶろう》は退却命令《たいきゃくめいれい》が出《で》ても動《うご》こうとせず、薩摩兵《さつまへい》に撃《う》たれて死《し》んだという。泰助《たいすけ》は叔父《おじ》の首《くび》を敵《てき》に取《と》られまいと斬《き》り落《お》とし、源三郎《げんざぶろう》の刀《かたな》とともに持《も》って逃《に》げたが、重《おも》さに負《ま》けて次第《しだい》に他《ほか》の隊士《たいし》たちより遅《おく》れがちになり、

「そんなものを持《も》っていると敵《てき》に捕《つか》まってしまうぞ。残念《ざんねん》だが捨《す》てろ」

と言《い》われ、泣《な》く泣《な》くある寺《てら》の門前《もんぜん》に穴《あな》を掘《ほ》り、首《くび》と刀《かたな》を埋《う》めてきたという——。

泰助《たいすけ》の身体《からだ》を赤《あか》く染《そ》めているのは、源三郎《げんざぶろう》の血《ち》だ。

「源三郎《げんざぶろう》おじさんは普段《ふだん》は無口《むくち》だけど、こうと決《き》めたら梃子《てこ》でも動《うご》かないところがあったから……」

「そうか……源《げん》さんが」

また試衛館《しえいかん》の仲間《なかま》が、ひとり死《し》んでしまった。

土方《ひじかた》の脳裏《のうり》に、ふと源三郎《げんざぶろう》の声《こえ》がよみがえる。

——土方《ひじかた》さん、世《よ》も末《すえ》な気《き》がします……。

土方《ひじかた》はあたりを見廻《みまわ》した。血《ち》に染《そ》まった隊士《たいし》たちは皆《みな》、疲《つか》れ切《き》っていた。

こうして「鳥羽《とば》・伏見《ふしみ》の戦《たたか》い」は、旧幕府軍《きゅうばくふぐん》の惨敗《ざんぱい》に終《お》わったのである。

第《だい》十三章《しょう》◆甲陽鎮撫隊《こうようちんぶたい》、西《にし》へ

「鳥羽《とば》・伏見《ふしみ》の戦《たたか》い」から数日後《すうじつご》——。

一月十一日《がつにち》、土方《ひじかた》の姿《すがた》は幕府《ばくふ》の軍艦《ぐんかん》・富士山丸《ふじやままる》の上《うえ》にあった。

大坂《おおさか》で合流《ごうりゅう》した近藤勇《こんどういさみ》と沖田総司《おきたそうじ》も一緒《いっしょ》だ。この船《ふね》は傷病者《しょうびょうしゃ》を運《はこ》ぶために割《わ》り当《あ》てられたものだが、土方《ひじかた》は療養中《りょうようちゅう》の近藤《こんどう》と沖田《おきた》の他《ほか》、斎藤一《さいとうはじめ》をはじめとする戦《いくさ》で負傷《ふしょう》した隊士《たいし》たちのつき添《そ》いとして乗《の》ったのである。永倉新八《ながくらしんぱち》や島田魁《しまだかい》らは他《ほか》の隊士《たいし》たちを連《つ》れて一日早《にちはや》く出航《しゅっこう》した順動丸《じゅんどうまる》に乗船《じょうせん》しており、あとで江戸《えど》で落《お》ち合《あ》うことになっていた。

（上洛《じょうらく》して五年《ねん》……。こんなことになるとはな）

海風《うみかぜ》に吹《ふ》かれながら、土方《ひじかた》は重《おも》い息《いき》を吐《は》き、腰《こし》の刀《かたな》に手《て》を添《そ》える。

（もう刀《かたな》や槍《やり》で戦《たたか》う時代《じだい》じゃない……）

青雲《せいうん》の志《こころざし》を持《も》って京《きょう》へ向《む》かったとき、まさかこのようなかたちで江戸《えど》へ帰《かえ》ることになるとは夢《ゆめ》にも思《おも》わなかった。どう言葉《ことば》を飾《かざ》ろうが、これは紛《まぎ》れもなく敗走《はいそう》である。

去《さ》る七日《なのか》、土方《ひじかた》は大坂城《おおさかじょう》へ向《む》かった。

しかし、そこに将軍《しょうぐん》・徳川慶喜《とくがわよしのぶ》の姿《すがた》はなかった。慶喜《よしのぶ》は京都守護職《きょうとしゅごしょく》の松平容保《まつだいらかたもり》、その弟《おとうと》で京都所司代《きょうとしょしだい》の松平定敬《まつだいらさだあき》や老中《ろうじゅう》たちを連《つ》れて、船《ふね》で江戸《えど》へ逃《に》げ帰《かえ》っていたのだ。

上方《かみがた》にいる将《しょう》や兵《へい》たちは大坂《おおさか》での籠城戦《ろうじょうせん》を希望《きぼう》したが、朝廷《ちょうてい》から「慶喜追討令《よしのぶついとうれい》」が出《で》ていたこともあり、江戸《えど》へ引《ひ》き揚《あ》げることになったのである。

「土方《ひじかた》さん」

後《うし》ろで市村鉄之助《いちむらてつのすけ》の声《こえ》がして、土方《ひじかた》は肩越《かたご》しに振《ふ》り返《かえ》った。

「どうした?」

「山崎《やまざき》さんが……先《さき》ほど亡《な》くなりました」

「――そうか」

山崎烝《やまざきすすむ》は淀《よど》の戦《いくさ》で重傷《じゅうしょう》を負《お》い、ともにこの船《ふね》に乗《の》っていた。しかし、船《ふね》の上《うえ》ではろくな手当《てあ》てを受《う》けられず、とうとう死《し》んでしまったのだ。

「あいつ……俺《おれ》は新選組《しんせんぐみ》の医者《いしゃ》だ! なんて、笑《わら》って言《い》ってたのによお……」

土方《ひじかた》は甲板《かんぱん》をあとにし、近藤《こんどう》のもとへ向《む》かう。

近藤《こんどう》と沖田《おきた》が寝《ね》ている船室《せんしつ》に入《はい》ると、明《あか》るい笑《わら》い声《ごえ》が聞《き》こえた。

「ははは っ、笑《わら》いすぎて腹《はら》が痛《いて》ぇや」

「でもね、まだ続《つづ》きがあるんですよ、そのだんご屋《や》の親父《おやじ》が言《い》うには――」

壁際《かべぎわ》に寝《ね》ている負傷兵《ふしょうへい》と楽《たの》しそうに笑《わら》っている沖田《おきた》を横目《よこめ》で見《み》ながら、土方《ひじかた》は近藤《こんどう》の枕《まくら》元《もと》へ寄《よ》った。

「おう、歳《とし》か。総司《そうじ》のやつ、ずっと、ああなんだ。笑《わら》うとあとで咳《せき》が出《で》るから、良《よ》くないんだがな」

少《すこ》し困《こま》った顔《かお》で言《い》って、近藤《こんどう》はつぶやく。

「あんなに死《し》に対《たい》して悟《さと》りきったやつも珍《めずら》しい……。で、どうした？」

「山崎《やまざき》くんが死《し》にました」

「……そうか、残念《ざんねん》だ」

山崎《やまざき》は二日《ふつか》後《ご》、水葬《すいそう》に付《ふ》されることになり――。

近藤《こんどう》は土方《ひじかた》に支《ささ》えられ、葬式《そうしき》に出《で》た。右舷《うげん》に設置《せっち》した台《だい》の上《うえ》に、布団《ふとん》に包《つつ》まれ、白木綿《しろもめん》でぐるぐる巻《ま》きにされた山崎《やまざき》の遺体《いたい》が安置《あんち》されている。

「山崎《やまざき》くん……君《きみ》には苦労《くろう》をかけた。君《きみ》が長《なが》きにわたって長州《ちょうしゅう》に潜《ひそ》み、情報《じょうほう》を集《あつ》めてくれたのにもかかわらず、幕府《ばくふ》は……私《わたし》たちは負《ま》けてしまった」

近藤《こんどう》の目《め》から涙《なみだ》があふれ、隊士《たいし》たちの間《あいだ》からすすり泣《な》きが漏《も》れる。

山崎《やまざき》を包《つつ》んだ布団《ふとん》の両端《りょうたん》には、おもりにするため、大砲《たいほう》の弾丸《だんがん》が四つつけられた。そして、太《ふと》い麻縄《あさなわ》で吊《つ》られて、甲板《かんぱん》から海《うみ》へと少《すこ》しずつ下《さ》げられていく。

海面《かいめん》すれすれのところで縄《なわ》が切《き》られ、布団《ふとん》はあぶくを噴《ふ》き出《だ》しながら沈《しず》んでいった。

「近藤《こんどう》さん、大丈夫《だいじょうぶ》ですか」

式《しき》に出席《しゅっせき》していた海軍奉行《かいぐんぶぎょう》・榎本武揚《えのもとたけあき》が、近藤《こんどう》の体調《たいちょう》を気遣《きづか》って声《こえ》をかけてきた。口《くち》ひげをたくわえ、洋式《ようしき》の軍服《ぐんぷく》を着《き》た品《ひん》のいい男《おとこ》だ。彼《かれ》は昌平坂学問所《しょうへいざかがくもんじょ》や長崎《ながさき》の海軍伝習所《かいぐんでんしゅうじょ》で学《まな》んだのち、オランダに留学《りゅうがく》した秀才《しゅうさい》である。

「新選組《しんせんぐみ》は、よく戦《たたか》ってくれました。さぞ、残念《ざんねん》でしょう」

「ええ……」

近藤《こんどう》が悔《くや》しげに唇《くちびる》を噛《か》み、土方《ひじかた》は榎本《えのもと》を見《み》た。

「榎本様《えのもとさま》、将軍様《しょうぐんさま》はなんで逃《に》げちまったんです？　俺《おれ》たちはまだまだやれたのに」

「慶喜公《よしのぶこう》は朝敵《ちょうてき》になるのを恐《おそ》れたんですよ。あの人《ひと》は水戸《みと》の徳川家《とくがわけ》の生《う》まれですからね。生《う》まれながらに水戸学《みとがく》が染《し》みついているんです」

徳川御三家《とくがわごさんけ》のひとつ、水戸《みと》の徳川家《とくがわけ》は代々《だいだい》、尊王《そんのう》を家訓《かくん》とする家柄《いえがら》である。

第二代藩主《だいにだいはんしゅ》・光圀以降《みつくにいこう》、「もし天下《てんか》に大事《だいじ》が起《お》こり、朝廷《ちょうてい》と幕府《ばくふ》が争《あらそ》うような事態《じたい》になったときは、たとえ幕府《ばくふ》に背《そむ》くことになろうとも、朝廷《ちょうてい》に対《たい》して決《けっ》して弓《ゆみ》を引《ひ》いてはならない」と厳《きび》しく言《い》い伝《つた》えられてきたのだ。

もともとは、徳川家康《とくがわいえやす》が「幕府《ばくふ》に背《そむ》いてでも朝廷《ちょうてい》についていく家《いえ》」を設《もう》けておくことによって、徳川家《とくがわけ》の完全《かんぜん》な滅亡《めつぼう》を避《さ》けようとしたことからはじまっているのだが――。

「それが本当《ほんとう》なら、幕府《ばくふ》は開祖《かいそ》の家康公《いえやすこう》に滅《ほろ》ぼされたってことになるんじゃないのか」

「そうとも言《い》えますが……私《わたし》から言《い》わせてもらえば、犯人《はんにん》は〝時代《じだい》の流《なが》れ〟というやつです。そもそも、尊王攘夷思想《そんのうじょういしそう》は水戸《みと》から広《ひろ》がったもの。幕府《ばくふ》も薩長《さっちょう》も、もともとは尊王攘《そんのうじょう》夷《い》という点《てん》では同《おな》じだったはずですが、途中《とちゅう》で大《おお》きく道《みち》が分《わ》かれてしまったのですよ」

「時代《じだい》の、流《なが》れ……」

「まあ、私《わたし》はそれに負《ま》けるつもりはないですけどね。では、失礼《しつれい》」

榎本《えのもと》が軽《かる》く会釈《えしゃく》し、踵《きびす》を返《かえ》す。

耳障《みみざわ》りな波音《なみおと》を聞《き》きながら、土方《ひじかた》も近藤《こんどう》を支《ささ》えて船内《せんない》に戻《もど》った。

◆◆◆

一月《がつ》十五日《にち》。富士山丸《ふじやままる》は江戸《えど》に到着《とうちゃく》し、近藤《こんどう》、沖田《おきた》、斎藤《さいとう》は旧知《きゅうち》の医師《いし》・松本良順《まつもとりょうじゅん》が頭《とう》取《どり》を務《つと》める医学所《いがくしょ》へ運《はこ》ばれ、土方《ひじかた》は永倉《ながくら》や新選組《しんせんぐみ》の隊士《たいし》たちと合流《ごうりゅう》した。

「土方《ひじかた》さん、江戸《えど》に戻《もど》ったのは、百十七名《めい》、そのうち、負傷者《ふしょうしゃ》は五十四名《めい》です」

「動《うご》けるのは、半分《はんぶん》ってとこか……」

二十日《はつか》、新選組《しんせんぐみ》は鍛冶橋《かじばし》の旧大名屋敷《きゅうだいみょうやしき》を与《あた》えられ、そこを屯所《とんしょ》とすることになった。

そして、二月《がつ》十二日《にち》、慶喜《よしのぶ》が上野《うえの》の寛永寺《かんえいじ》で謹慎《きんしん》することになり、そこへ移《うつ》る際《さい》、新選《しんせん》組《ぐみ》は上野《うえの》から寛永寺《かんえいじ》までの道《みち》の警備《けいび》にあたり、慶喜《よしのぶ》が寛永寺《かんえいじ》に入《はい》ると、引《ひ》き続《つづ》き二交替制《こうたいせい》で警護《けいご》を担当《たんとう》した。

その役目《やくめ》と前後《ぜんご》して、徳川《とくがわ》の重臣《じゅうしん》・勝海舟《かつかいしゅう》から近藤《こんどう》と土方《ひじかた》に呼《よ》び出《だ》しがかかり、「甲州《こうしゅう》へ行《い》くように」との内示《ないじ》が出《で》た。

新政府《しんせいふ》は徳川《とくがわ》をこのままにしておくことを許《ゆる》さず、征討軍《せいとうぐん》を組《く》み、東海道《とうかいどう》、中山道《なかせんどう》、北《ほく》陸道《りくどう》の三方《ぼう》から進軍《しんぐん》してくると思《おも》われるため、そのうちのひとつ、中山道《なかせんどう》の途中《とちゅう》にある甲《こう》府城《ふじょう》を新選組《しんせんぐみ》に押《お》さえてほしい、ということであった。

「表向《おもてむ》きは脱走兵《だっそうへい》の狼藉《ろうぜき》を抑《おさ》えるためだが、新政府軍《しんせいふぐん》より早《はや》く甲府城《こうふじょう》を押《お》さえて、そこで食《く》い止《と》めちゃくれねえか」

「かしこまりました。江戸《えど》を守《まも》るために、そして、鳥羽《とば》・伏見《ふしみ》で散《ち》った仲間《なかま》の仇《かたき》を取《と》るために、甲州《こうしゅう》へ向《む》かいます」

こうして、新選組《しんせんぐみ》は「甲陽鎮撫隊《こうようちんぶたい》」と名《な》を改《あらた》め、甲州街道《こうしゅうかいどう》を西《にし》へ進《すす》むことになった。甲《こう》陽《よう》とは甲州《こうしゅう》の漢学風《かんがくふう》の呼《よ》び方《かた》で、鎮撫《ちんぶ》とは「反乱《はんらん》の鎮圧《ちんあつ》にあたり、取《と》り締《し》まること」を意《い》味《み》する。

隊長《たいちょう》の近藤《こんどう》は長棒引戸《ながぼうひきど》の駕籠《かご》に乗《の》り、断髪《だんぱつ》した土方《ひじかた》は洋式《ようしき》の軍服《ぐんぷく》に身《み》を固《かた》め、馬上《ばじょう》の人《ひと》となって、新《あら》たに募集《ぼしゅう》した者《もの》たちを含《ふく》む約《やく》二百名《めい》の隊士《たいし》を率《ひき》いて行《い》く。

白《しろ》い木綿《もめん》の鉢巻《はちま》きをした平隊士《ひらたいし》たちも、戦《たたか》いやすいように洋装《ようそう》に近《ちか》い恰好《かっこう》をしていた。木綿《もめん》の綿入《わたい》れを着《き》て、ズボンを穿《は》き、足元《あしもと》は草鞋履《わらじば》き、腰《こし》には白木綿《しろもめん》の帯《おび》を締《し》めて、刀《かたな》をこれに差《さ》している。

出陣《しゅつじん》にあたり、近藤《こんどう》は旗本《はたもと》の大久保剛《おおくぼたけし》、土方《ひじかた》は内藤隼人《ないとうはやと》と改《あらた》めていた。姓《せい》はそれぞれ慶喜《よしのぶ》から賜《たまわ》ったもので、家康《いえやす》の昔《むかし》、織田信長《おだのぶなが》亡きあとの甲斐《かい》・信濃《しなの》の武田《たけだ》遺領争奪戦《いりょうそうだつせん》（天正壬午《てんしょうじんご》の乱《らん》）の際《さい》、甲斐《かい》攻《ぜ》めで功《こう》を上《あ》げた、大久保忠世《おおくぼただよ》、内藤家長《ないとういえなが》から取《と》ったという。

その日《ひ》は、内藤新宿《ないとうしんじゅく》で夜《よる》を明《あ》かすことになった。宿《やど》に入《はい》ってから、近藤《こんどう》が広間《ひろま》に集《あつ》まった皆《みな》を見《み》て、「そうだ！」と手《て》を叩《たた》いた。

「甲府城《こうふじょう》百万石《ごく》を拝領《はいりょう》したら、私《わたし》は十万石《ごく》、歳《とし》には五万石《ごく》、総司《そうじ》や永倉《ながくら》くん、斎藤《さいとう》くん、左之助《さのすけ》にはそれぞれ三万石《ごく》を振《ふ》り分《わ》けよう」

「おおっ、景気《けいき》のいい話《はなし》だなあ！」

原田左之助《はらださのすけ》が元気《げんき》よく笑《わら》い、斎藤《さいとう》もうなずく。

「永倉《ながくら》さん、俺《おれ》たちも大名《だいみょう》になれるようですよ」

永倉《ながくら》はなぜか難《むずか》しい顔《かお》をしていたが、

「あ、ああ、そうだな」

と、うなずき返《かえ》した。

「大名《だいみょう》かあ、なんだか夢《ゆめ》みたいな話《はなし》だなあ」

沖田《おきた》は上機嫌《じょうきげん》だった。具合《ぐあい》が悪《わる》いのを押《お》して出陣《しゅつじん》したので、明《あか》るく振《ふ》る舞《ま》うことで周囲《しゅうい》に心配《しんぱい》をかけまいとしているようにしか、土方《ひじかた》には見《み》えない。

（総司《そうじ》は、もう……）

翌日《よくじつ》、土方《ひじかた》たちは日野宿《ひのじゅく》に入《はい》り、佐藤彦五郎《さとうひこごろう》の屋敷《やしき》で休憩《きゅうけい》を取《と》った。

「近藤先生《こんどうせんせい》がいらしたぞ！」

出世《しゅっせ》した近藤《こんどう》の顔《かお》を拝《おが》もうと、日野《ひの》の門人《もんじん》たちが押《お》しかけ、佐藤家《さとうけ》の土間《どま》はたちまち、

五、六十人《にん》の若者《わかもの》たちでいっぱいになった。
「やあ、君《きみ》たちも元気《げんき》そうでなによりです。どうぞ身体《からだ》を大切《たいせつ》にしてください」

徳川《とくがわ》から拝領《はいりょう》した紋《もん》付《つ》きの羽織《はおり》を着《き》てはいるが、江戸《えど》にいた頃《ころ》と少《すこ》しも変《か》わらない様子《ようす》で声《こえ》をかけてくれた近藤《こんどう》を見《み》て、門弟《もんてい》たちは声《こえ》を上《あ》げてうれし泣《な》きした。

その様子《ようす》を見《み》ながら、土方《ひじかた》がお茶《ちゃ》を飲《の》んでいると、

「歳三《としぞう》、変《へん》な頭《あたま》だねえ。しかも、その服《ふく》！　どこで買《か》ったんだい？」

彦五郎《ひこごろう》の妻《つま》で、土方《ひじかた》の姉《あね》ののぶが弟《おとうと》を見《み》るなりまくしたて、服《ふく》の袖《そで》を引《ひ》っ張《ぱ》る。

「姉《ねえ》さん、やめてくれよ。これはな、洋式《ようしき》の軍服《ぐんぷく》だ」

「へー、でも、刀《かたな》は差《さ》してるんだねえ」

「ああ、刀《かたな》は武士《ぶし》の魂《たましい》だ。片時《かたとき》も離《はな》すわけにはいかねえ」

「なんだよ、この子《こ》は偉《えら》そうに」

のぶは土方《ひじかた》の頭《あたま》を軽《かる》く叩《はた》き、涙声《なみだごえ》でつぶやいた。

「……死《し》んだら、承知《しょうち》しないからね」

「ああ……」

もしかしたら、姉《あね》と会《あ》うのはこれが最後《さいご》かもしれない――。

土方《ひじかた》がそう思《おも》ったとき、表玄関《おもてげんかん》のほうで、「おおー」という声《こえ》が上《あ》がった。

なにかと思《おも》って行《い》ってみると、沖田《おきた》が、しこを踏《ふ》んでいた。

「ほらね、もうこんなに元気《げんき》ですよ」

彦五郎《ひこごろう》や見送《みおく》りに来《き》た日野《ひの》の人々《ひとびと》は、そんな沖田《おきた》を見《み》て拍手《はくしゅ》する。

「よっ、沖田先生《おきたせんせい》！」

「その調子《ちょうし》で、薩長《さっちょう》のやつらなんか蹴散《けち》らしてくださいよ！」

しかし、そのすぐあと――。

部屋《へや》に引《ひ》っ込《こ》んだ沖田《おきた》は激《はげ》しく咳《せ》き込《こ》み、血《ち》を吐《は》いた。

「総司《そうじ》、おまえはもう無理《むり》だ。ここに残《のこ》れ」

「嫌《いや》です！　私《わたし》も近藤《こんどう》さんや土方《ひじかた》さんと一緒《いっしょ》に行《い》きます！　連《つ》れて行《い》ってください！」

沖田《おきた》は涙《なみだ》を浮《う》かべながら、「ねえ！」と近藤《こんどう》の袖《そで》をつかむ。

その手《て》を、土方《ひじかた》が外《はず》させた。

「総司《そうじ》、おまえもわかってるはずだ。俺《おれ》たちを困《こま》らせないでくれ」

「土方《ひじかた》さん……」

そのとたん、沖田《おきた》は泣《な》き崩《くず》れた。

土方《ひじかた》はあとのことを、義兄《ぎけい》の彦五郎《ひこごろう》に託《たく》した。

「彦五郎《ひこごろう》さん、総司《そうじ》を頼《たの》みます」

「ああ、まかせておけ」

「歳三《としぞう》おじさん、またあとで」

甥《おい》の作助《さくすけ》にうなずいてみせ、土方《ひじかた》は馬上《ばじょう》の人《ひと》となった。

この先《さき》の与瀬宿《よせじゅく》で日野《ひの》の門人《もんじん》たちで結成《けっせい》した「春日隊《かすがたい》」が追《お》いつくことになっているのだが、その中《なか》には土方《ひじかた》の甥《おい》の作助《さくすけ》も加《くわ》わっている。彼《かれ》らの仕事《しごと》は、戦《たたか》いに必要《ひつよう》な物資《ぶっし》の運搬《うんぱん》だ。直接《ちょくせつ》、戦場《せんじょう》に出《で》るわけではないが、重要《じゅうよう》な任務《にんむ》である。

「作助《さくすけ》、頼《たの》むな」

「はい！　俺《おれ》、信吉《のぶきち》さんの分《ぶん》もがんばります」

作助《さくすけ》が口《くち》にした近藤《こんどう》の甥《おい》・宮川信吉《みやがわのぶきち》は、昨年《さくねん》、土佐浪士《とさろうし》と斬《き》り合《あ》って負傷《ふしょう》し、翌日《よくじつ》、死《し》んだ。まだ二十五歳《さい》の若《わか》さだった。

（俺《おれ》たちは死《し》んでいった者《もの》たちの思《おも》いに、報《むく》いなきゃならねえ。そのためにも、新政府軍《しんせいふぐん》を食《く》い止《と》める！）

休憩《きゅうけい》を終《お》えた甲陽鎮撫隊《こうようちんぶたい》は、ふたたび西《にし》を目指《めざ》して出発《しゅっぱつ》する。

沖田《おきた》は、見送《みおく》りには出《で》なかった。

◆◆◆

甲陽鎮撫隊《こうようちんぶたい》は日野《ひの》から八王子《はちおうじ》を通《とお》り、小仏峠《こぼとけとうげ》を越《こ》えて、与瀬宿《よせじゅく》で春日隊《かすがたい》と合流《ごうりゅう》。そこで一泊《ぱく》したのち、ひたすら西《にし》へ向《む》かい、三月四日《がつよっか》に駒飼宿《こまかいじゅく》に入《はい》ると、ここで中山道《なかせんどう》を進《すす》んできた新政府軍《しんせいふぐん》——東山道軍《とうさんどうぐん》がすでに甲府《こうふ》に着陣《ちゃくじん》したことを知《し》った。

「甲府城《こうふじょう》はすでに新政府軍《しんせいふぐん》のやつらに押《お》さえられています」

偵察《ていさつ》に出《で》た大石鍬次郎《おおいしくわじろう》が戻《もど》ってきて報告《ほうこく》した。

敵《てき》は八百名《めい》。

数《かず》に差《さ》がありすぎる。

平隊士《ひらたいし》たちは永倉《ながくら》、左之助《さのすけ》、斎藤《さいとう》ら組頭《くみがしら》に対《たい》して、

「これでは負《ま》けは確実《かくじつ》です！」

「そうです、援軍《えんぐん》がなければ無理《むり》です！」

と訴《うった》えてきたため、三人《にん》は近藤《こんどう》と土方《ひじかた》に話《はな》した。

「近藤《こんどう》さん、俺《おれ》が江戸《えど》へ行《い》って援軍《えんぐん》を要請《ようせい》してくる！」

翌日《よくじつ》の三月五日《がついつか》、甲陽鎮撫隊《こうようちんぶたい》は勝沼《かつぬま》へ進《すす》み、土方《ひじかた》は隊士《たいし》をひとりだけ供《とも》につけ、ふたたび日野宿《ひのじゅく》の佐藤家《さとうけ》に寄《よ》った。

「あんたはなんなんだい？　つい先日《せんじつ》、今生《こんじょう》の別《わか》れをしたかと思《おも》えば、いきなり戻《もど》ってきて、今度《こんど》は羽織袴《はおりはかま》を用意《ようい》してくれだなんて」

「姉《ねえ》さん、事《こと》は急《きゅう》を要《よう》する。早駕籠《はやかご》を呼《よ》んでくれ」

「ああもう、人使《ひとづか》いの荒《あら》い子《こ》だね」

なんだかんだ言《い》いながら、姉《あね》ののぶが着替《きが》えを手伝《てつだ》ってくれた。洋式《ようしき》の軍服《ぐんぷく》を脱《ぬ》いで羽《は》織袴《おりはかま》に着替《きが》えたのは、徳川《とくがわ》の重臣《じゅうしん》だけでなく、慶喜《よしのぶ》の御前《ごぜん》に出《で》ることも考《かんが》えてのことだ。

「姉《ねえ》さん、総司《そうじ》は？」

「あの子《こ》なら、もう江戸《えど》に帰《かえ》したよ。顔《かお》を見《み》せられるなら、会《あ》ってておあげ」

「ああ……その時間《じかん》があれば、な」

沖田《おきた》のことも心配《しんぱい》だが、今《いま》は戦《いくさ》のほうが大事《だいじ》だ。

（待《ま》っててくれよ、近藤《こんどう》さん！）

着替《きが》えを終《お》えた土方《ひじかた》は、すぐに日野《ひの》を発《た》った。

昨日《きのう》の晴天《せいてん》とは打《う》って変《か》わって、空《そら》には雲《くも》が垂《た》れ込《こ》めていた。

第《だい》十四章《しょう》◆近藤勇《こんどういさみ》の死《し》

三月《がつ》十一日《にち》、土方《ひじかた》の姿《すがた》は江戸《えど》の医学所《いがくしょ》にあった。

「みんな、すまねえ……」

土方《ひじかた》の目《め》の前《まえ》には、永倉新八《ながくらしんぱち》、斎藤一《さいとうはじめ》、原田左之助《はらださのすけ》ら幹部《かんぶ》たちがいた。甲州《こうしゅう》にいた彼《かれ》らは土方《ひじかた》が江戸《えど》へ発《た》った翌日《よくじつ》、援軍《えんぐん》を得《え》られないまま、東山道軍《とうさんどうぐん》と戦《たたか》い、わずか一刻《こく》で敗走《はいそう》を余儀《よぎ》なくされたのである。

土方《ひじかた》は徳川《とくがわ》の上層部《じょうそうぶ》から援軍《えんぐん》を断《ことわ》られ、仕方《しかた》なく他《ほか》の方法《ほうほう》を模索《もさく》しているうちに、近藤《こんどう》勇《いさみ》たちが江戸《えど》へ戻《もど》ってきたのだ。脱走者《だっそうしゃ》が相次《あいつ》いだというのもあったが、人数《にんずう》にしても武《ぶ》器《き》にしても、敵《てき》とは差《さ》がありすぎた。

永倉《ながくら》が土方《ひじかた》を見《み》て、口《くち》を開《ひら》く。

「土方《ひじかた》さん、これからどうするんですか。逃《に》げた隊士《たいし》たちは近藤《こんどう》さんがすみやかに会津《あいづ》に下《くだ》ると言《い》えば同志《どうし》となる、と言《い》っているが——」

会津《あいづ》には、かつて京都守護職《きょうとしゅごしょく》を務《つと》めていた松平容保《まつだいらかたもり》がいる。容保《かたもり》は会津《あいづ》に戻《もど》り、謹慎《きんしん》しているのだが、新政府軍《しんせいふぐん》が会津《あいづ》を放《ほう》っておくわけがない。いずれ、会津《あいづ》にも兵《へい》を差《さ》し向《む》けると考《かんが》え、そこで戦《たたか》おうというのだ。

すると、最後《さいご》に部屋《へや》に入《はい》ってきた近藤勇《こんどういさみ》が、憮然《ぶぜん》とした顔《かお》で上座《かみざ》に座《すわ》った。今《いま》の言葉《ことば》が聞《き》こえていたのだろう。

「永倉《ながくら》くん、彼《かれ》らに伝《つた》えろ。私《わたし》の家来《けらい》になるというのならば同志《どうし》とするが、そうでなければ断《ことわ》る」

次《つぎ》の瞬間《しゅんかん》、永倉《ながくら》が立《た》ち上《あ》がった。

「我《われ》らは近藤《こんどう》さんの家来《けらい》ではない！　失礼《しつれい》する！」

「待《ま》て、永倉《ながくら》くん。君《きみ》は試衛館《しえいかん》以来《いらい》の同志《どうし》だろう⁉」

土方《ひじかた》が止《と》めにかかると、永倉《ながくら》は首《くび》を振《ふ》った。

「出世《しゅっせ》してからの近藤《こんどう》さんは明《あき》らかに前《まえ》とは違《ちが》う……。これまでいろいろと世話《せわ》になったことはありがたく思《おも》うが、もう、ついていけん！」

ずかずかと歩《ある》き、ふすまに手《て》をかけたところで、永倉《ながくら》は左之助《さのすけ》を振《ふ》り返《かえ》った。

「左之助《さのすけ》、おまえはどうする？」

「……そうだなあ、行《い》くか」

左之助《さのすけ》も立《た》ち上《あ》がり、永倉《ながくら》とともに出《で》て行《い》く。

思《おも》えば、永倉《ながくら》と左之助《さのすけ》は以前《いぜん》、近藤《こんどう》の非行《ひこう》を容保《かたもり》に訴《うった》えたことがある。その後《あと》も新選組《しんせんぐみ》の幹部《かんぶ》として力《ちから》を尽《つ》くしてはいたが、長《なが》い間《あいだ》くすぶっていた思《おも》いが、ついに爆発《ばくはつ》してしまったのだろう。

ふたりが去《さ》ったあと、なんとも言《い》えない重《おも》い空気《くうき》が漂《ただよ》い……それを払《はら》うように土方《ひじかた》は舌《した》打《う》ちした。

「あいつら……今《いま》までの恩《おん》を忘《わす》れやがって」

「土方《ひじかた》さん、いなくなったやつらのことは、もう忘《わす》れましょう」

そう言《い》ったのは、斎藤《さいとう》だった。

「斎藤《さいとう》くん、君《きみ》はどうして残《のこ》ったんだ」

「俺《おれ》は……京《きょう》で近藤《こんどう》さんに拾《ひろ》ってもらった恩義《おんぎ》がある。それを忘《わす》れたことはない」

「そうか――ありがとう、斎藤《さいとう》くん」

近藤《こんどう》が感慨深《かんがいぶか》く、斎藤《さいとう》を見《み》つめる。永倉《ながくら》と左之助《さのすけ》が去《さ》ったことは衝撃的《しょうげきてき》だったが、斎藤《さいとう》の言葉《ことば》に励《はげ》まされたのだ。

「近藤《こんどう》さん、斎藤《さいとう》くん、新選組《しんせんぐみ》は終《お》わっちゃいねえ。俺《おれ》たちがいれば、まだまだやれる！」

土方《ひじかた》は力強《ちからづよ》い目《め》で、ふたりを見《み》た。

これで壬生浪士組結成以来《みぶろうしぐみけっせいいらい》の仲間《なかま》は、病《やまい》に伏《ふ》した沖田総司《おきたそうじ》をのぞけば、近藤《こんどう》、土方《ひじかた》、斎《さい》藤《とう》の三人《にん》だけになってしまったのである。

◆◆◆

新選組《しんせんぐみ》は会津《あいづ》へ移《うつ》ることを決《き》め、再起《さいき》をはかるべく新規隊士《しんきたいし》の募集《ぼしゅう》をすることにし、それと並行《へいこう》して、まず斎藤《さいとう》に傷病兵《しょうびょうへい》たちを預《あず》けて会津《あいづ》に先《さき》に向《む》かわせることにした。

「松本良順先生《まつもとりょうじゅんせんせい》も会津《あいづ》に向《む》かうと言《い》っている。斎藤《さいとう》くん、君《きみ》たちも先《さき》に会津《あいづ》に入《はい》り、手当《てあ》てを受《う》けて我《われ》らの到着《とうちゃく》を待《ま》っていてくれ」

「わかりました、近藤《こんどう》さん、土方《ひじかた》さん、会津《あいづ》で会《あ》いましょう」

そうして、斎藤《さいとう》が先発隊《せんぱつたい》として出発《しゅっぱつ》したあと、近藤《こんどう》と土方《ひじかた》は再起《さいき》に向《む》けて着々《ちゃくちゃく》と準備《じゅんび》を進《すす》め、隊士《たいし》の数《かず》は二百三十人近《にんちか》くになった。新選組《しんせんぐみ》の名《な》は、まだ輝《かがや》きを放《はな》っていたのだ。

「歳《とし》、これなら戦《たたか》えるぞ！」

近藤《こんどう》と土方《ひじかた》は彼《かれ》らに軍事訓練《ぐんじくんれん》を施《ほどこ》すため、四月二日《がつふつか》、江戸《えど》から下総《しもうさ》の流山《ながれやま》へと移《うつ》ったのだが——。

翌日《よくじつ》、隊士《たいし》たちが野外訓練《やがいくんれん》をしている最中《さいちゅう》、東山道軍《とうさんどうぐん》に本陣《ほんじん》を囲《かこ》まれてしまった。そのとき、本陣《ほんじん》には近藤《こんどう》や土方《ひじかた》はじめ、島田魁《しまだかい》や尾関雅次郎《おぜきまさじろう》など数人《すうにん》しかいなかった。

「やつら、こんなところまで……」

緊迫《きんぱく》した空気《くうき》が走《はし》る中《なか》、敵軍《てきぐん》の将《しょう》のひとりである薩摩藩《さつまはん》の有馬藤太《ありまとうた》が面会《めんかい》を求《もと》めてきたので、これには土方《ひじかた》が応対《おうたい》することになった。

「内藤隼人《ないとうはやと》と申《もう》します。我《われ》らは江戸《えど》からの脱走兵《だっそうへい》の取《と》り締《し》まり、および、一揆《いっき》があったため、その鎮撫《ちんぶ》に参《まい》りました」

「それはご苦労《くろう》さんです。けれど、それは、わしら官軍《かんぐん》の役目《やくめ》だ」

有馬《ありま》はすみやかに武装《ぶそう》を解《と》くことと、隊長《たいちょう》の出頭《しゅっとう》を求《もと》めてきた。その様子《ようす》だと、どうやら新選組《しんせんぐみ》とは判明《はんめい》していないようだが——。

土方《ひじかた》が奥《おく》へ下《さ》がり、その旨《むね》を伝《つた》えると、

「局長《きょくちょう》が出《で》て行《い》くのは危険《きけん》です！」

「ここで一戦交《いっせんまじ》えましょう」

島田《しまだ》や尾関《おぜき》たちが身《み》を乗り出《だ》した。

が——近藤《こんどう》が硬《かた》い表情《ひょうじょう》で、こう言《い》った。

「腹《はら》を切《き》る覚悟《かくご》はできている。捕《つか》まるくらいなら、ここで腹《はら》を切《き》って果《は》てる」

「局長《きょくちょう》……」

「いや、腹《はら》を切《き》っちゃならねえ！」

止《と》めたのは土方《ひじかた》だった。

「近藤《こんどう》さん、ここで割腹《かっぷく》したら犬死《いぬじ》にだ。運《うん》を天《てん》にまかせ、新選組《しんせんぐみ》の近藤勇《こんどういさみ》ではなく、幕《ばく》府《ふ》の旗本《はたもと》・大久保大和《おおくぼやまと》として、流山《ながれやま》の鎮撫《ちんぶ》のために来《き》たのだと主張《しゅちょう》し、押《お》し通《とお》すんだ」

「歳《とし》……」

「俺《おれ》たちは、まだまだやれる。そうだろう？」

土方《ひじかた》の熱《あつ》い気持《きも》ちに、近藤《こんどう》はうなずいた。

「では、大久保大和《おおくぼやまと》として行《い》ってくる。歳《とし》、あとのことを頼《たの》む」

隊《たい》の武装解除《ぶそうかいじょ》を命《めい》じ、近藤《こんどう》はつき添《そ》いの隊士《たいし》をふたり連《つ》れ、有馬《ありま》とともに板橋《いたばし》にある東《とう》山道軍《さんどうぐん》の本営《ほんえい》に向《む》かうことになった。

これが、土方《ひじかた》が近藤《こんどう》の姿《すがた》を見《み》た最後《さいご》になった。

◆◆◆

近藤《こんどう》が板橋《いたばし》に護送《ごそう》されてくると、それを見《み》た彦根藩士《ひこねはんし》のひとりが「あれは新選組《しんせんぐみ》の局長《きょくちょう》・近藤勇《こんどういさみ》ではないか」と言《い》い出《だ》した。かつて、京《きょう》で幕府《ばくふ》の会合《かいごう》があった際《さい》、一度《いちど》会《あ》ったことがある、というのだ。

しかし、本人《ほんにん》は「幕府旗本《ばくふはたもと》・大久保大和《おおくぼやまと》」と名乗《なの》っている（三月《がつ》十四日《か》に剛《たけし》から大和《やまと》に改名《かいめい》）。確証《かくしょう》はない。が、ここで運《うん》が新政府側《しんせいふがわ》に味方《みかた》した。

元《もと》・新選組隊士《しんせんぐみたいし》だという男《おとこ》が、東山道軍《とうさんどうぐん》に加《くわ》わっていたのである。有馬《ありま》はさっそくその男《おとこ》に近藤《こんどう》を引《ひ》き合《あ》わせた。

「近藤局長《こんどうきょくちょう》、お久《ひさ》しぶりです。お元気《げんき》そうですね。右肩《みぎかた》はもう大丈夫《だいじょうぶ》ですか？」

「…………」

近藤《こんどう》は無言《むごん》で、自分《じぶん》の名《な》を口《くち》にした男《おとこ》を見上《みあ》げた。以前《いぜん》、油小路《あぶらのこうじ》で暗殺《あんさつ》した伊東甲子太《いとうかした》郎門下《ろうもんか》の加納鷲雄《かのうわしお》であった。そして今《いま》の言葉《ことば》で、伏見《ふしみ》で自分《じぶん》を狙撃《そげき》したのが加納《かのう》だということも悟《さと》った。

（すまん、歳《とし》……）

近藤《こんどう》は心《こころ》の中《なか》で土方《ひじかた》に詫《わ》びると、胸《むね》を張《は》った。

「いかにも。久《ひさ》しぶりだな、加納《かのう》くん」

四月二十五日《がつにち》。

夜中《よなか》まで降《ふ》った雨《あめ》が上《あ》がり、江戸《えど》にはからりとした晴《は》れた空《そら》が広《ひろ》がっていた。

青《あお》い空《そら》の下《した》、板橋《いたばし》の刑場《けいじょう》に、縄《なわ》で後《うし》ろ手《で》に縛《しば》られた近藤《こんどう》が引《ひ》き立《た》てられた。刑場《けいじょう》には「今日《きょう》は旗本《はたもと》が斬《き》られるらしい」と聞《き》きつけた人々《ひとびと》が大勢《おおぜい》、見物《けんぶつ》に来《き》ている。

（まさに、晴《は》れ舞台《ぶたい》だな）

斬首《ざんしゅ》ののち、近藤《こんどう》の首《くび》は京《きょう》に送《おく》られ、三条河原《さんじょうがわら》に晒《さら》されることになっている。

「すまんが、見苦《みぐる》しい首《くび》を晒《さら》したくないので、髭《ひげ》を剃《そ》っていただけまいか」

そうして呼《よ》ばれた床屋《とこや》が綺麗《きれい》に髭《ひげ》をあたったあと、近藤《こんどう》は静《しず》かに首《くび》を垂《た》れた。

介錯人《かいしゃくにん》は一太刀《ひとたち》で、見事《みごと》にその太《ふと》い首《くび》を斬《き》った。

近藤勇《こんどういさみ》、享年《きょうねん》三十五。
新選組《しんせんぐみ》の巨星《きょせい》は、こうして命《いのち》を落《お》としたのである。

第《だい》十五章《しょう》◆新天地《しんてんち》へ

近藤勇《こんどういさみ》が斬首《ざんしゅ》された四日後《よっかご》の四月《がつ》二十九日《にち》、土方《ひじかた》の姿《すがた》は会津《あいづ》にあった。鶴ヶ城《つるがじょう》の城下《じょうか》、七日町《なぬかまち》の旅宿《たびやど》・清水屋《しみずや》にて療養《りょうよう》していたのである。

そして、ここで流山《ながれやま》から転戦《てんせん》してきた新選組《しんせんぐみ》と、先《さき》に会津《あいづ》に入《はい》っていた斎藤一《さいとうはじめ》の先発隊《せんぱつたい》が合流《ごうりゅう》した。

「斎藤《さいとう》くん、待《ま》たせたな」

「近藤《こんどう》さんのこと聞《き》きました……無念《むねん》です」

重《おも》い沈黙《ちんもく》が支配《しはい》し、やがて室内《しつない》にすすり泣《な》きが広《ひろ》がった。

島田魁《しまだかい》や尾関雅次郎《おぜきまさじろう》をはじめ、隊士《たいし》たちは皆《みな》、身《み》も心《こころ》もぼろぼろだった。近藤《こんどう》という主柱《しゅちゅう》を失《うしな》った衝撃《しょうげき》は、あまりにも大《おお》きかったのである。

「勝先生《かつせんせい》も動《うご》いてくれたんだが、官軍《かんぐん》のやつらが聞《き》き入《い》れてくれなくてな」

三日《みっか》に近藤《こんどう》が出頭《しゅっとう》したのち、土方《ひじかた》は密《ひそ》かに江戸《えど》へ向《む》かい、翌日《よくじつ》の四日《よっか》、幕臣《ばくしん》の勝海舟《かつかいしゅう》を訪《たず》ね、近藤救出《こんどうきゅうしゅつ》を訴《うった》えた。勝《かつ》はすぐに書状《しょじょう》をしたため、それを持《も》って隊士《たいし》の相馬主計《そうまかずえ》が板橋《いたばし》へ向《む》かったが、捕《と》らえられてしまったのである。

これはのちにわかることだが、薩摩《さつま》は近藤《こんどう》の立場《たちば》を重《おも》んじて切腹《せっぷく》を主張《しゅちょう》したが、「坂本《さかもと》龍馬暗殺《りょうまあんさつ》の犯人《はんにん》は新選組《しんせんぐみ》だ」と信《しん》じ込《こ》んでいた土佐《とさ》が斬首《ざんしゅ》を主張《しゅちょう》し、押《お》し切《き》ったという。

近藤《こんどう》の救出《きゅうしゅつ》が敵《かな》わないと知《し》った土方《ひじかた》は十一日《にち》、江戸《えど》を脱《だっ》し、下総《しもうさ》の鴻之台《こうのだい》に集結《しゅうけつ》していた旧幕府軍《きゅうばくふぐん》に合流《ごうりゅう》した。二千を数《かぞ》えるこの軍《ぐん》は、歩兵奉行《ほへいぶぎょう》の大鳥圭介《おおとりけいすけ》が率《ひき》いていた。

(俺《おれ》は近藤《こんどう》さんの分《ぶん》まで戦《たたか》って戦《たたか》って……戦《たたか》い抜《ぬ》く！)

新選組副長《しんせんぐみふくちょう》として名高《なだか》く、「鳥羽《とば》・伏見《ふしみ》の戦《たたか》い」を経験《けいけん》している土方《ひじかた》は歓迎《かんげい》され、伝習《でんしゅう》第一大隊《だいいちだいたい》の参謀《さんぼう》となった。

そして、すぐさま鴻之台《こうのだい》を発《た》って常州《じょうしゅう》へと向《む》かい、土方《ひじかた》はわずか二百五十人《にん》の兵《へい》を率《ひき》いて下館藩《しもだてはん》を落《お》とし、宇都宮《うつのみや》へと転戦《てんせん》した。

しかし、ここでは激戦《げきせん》となり、兵《へい》が次々《つぎつぎ》と敗走《はいそう》をはじめてしまい……。

「退却《たいきゃく》する者《もの》は誰《だれ》でもこうだ！」

土方《ひじかた》は味方《みかた》を鼓舞《こぶ》するため、敗走《はいそう》する兵《へい》をひとり、斬《き》り捨《す》てた。

気力《きりょく》を取《と》り戻《もど》した兵《へい》たちは土方《ひじかた》に続《つづ》いて果敢《かかん》に戦《たたか》い、宇都宮城《うつのみやじょう》は落城《らくじょう》した。

が、四月《がつ》二十三日《にち》、新政府軍《しんせいふぐん》が宇都宮城《うつのみやじょう》へ攻撃《こうげき》を開始《かいし》。

その戦《たたか》いで右《みぎ》の足先《あしさき》に被弾《ひだん》し、歩《ある》くことはおろか、立《た》つこともできない重傷《じゅうしょう》を負《お》ってしまった土方《ひじかた》は、島田《しまだ》ら六人《にん》の隊士《たいし》たちに守《まも》られ、北上《ほくじょう》し、会津《あいづ》を目指《めざ》したのだ。

「斎藤《さいとう》くん、新選組《しんせんぐみ》を頼《たの》む」

土方《ひじかた》は会津入《あいづい》りしていた松本良順《まつもとりょうじゅん》の治療《ちりょう》を受《う》け、一日《にち》も早《はや》く復帰《ふっき》するため東山温泉《ひがしやまおんせん》で療養《りょうよう》することになり、斎藤《さいとう》を隊長格《たいちょうかく》とし、新選組《しんせんぐみ》をまかせることにした。


その後《ご》、斎藤《さいとう》の指揮《しき》のもと、新選組《しんせんぐみ》は松平容保《まつだいらかたもり》の命《めい》を受《う》けて白河《しらかわ》での戦《たたか》いに身《み》を投《とう》じ、会津藩《あいづはん》を守《まも》るため奮戦《ふんせん》した。

しかし、会津《あいづ》は次第《しだい》に新政府軍《しんせいふぐん》に追《お》い詰《つ》められ——。

(このままでは、会津《あいづ》が……！)

八月《がつ》二十三日《にち》、土方《ひじかた》は良順《りょうじゅん》とともに庄内藩《しょうないはん》へ援軍《えんぐん》の要請《ようせい》に向《む》かったが、間《あいだ》に位置《いち》する米沢藩《よねざわはん》が降伏《こうふく》に傾《かたむ》いており、通行《つうこう》を許可《きょか》してくれず——。

（米沢《よねざわ》も列藩同盟《れっぱんどうめい》のひとつだというのに……）

新政府軍《しんせいふぐん》の標的《ひょうてき》となった会津藩《あいづはん》や庄内藩《しょうないはん》を救《すく》うべく、東北《とうほく》の雄藩《ゆうはん》三十余藩《よはん》が結《むす》んだ奥羽《おうう》越列藩同盟《えつれっぱんどうめい》は仙台藩《せんだいはん》が中心《ちゅうしん》となって成立《せいりつ》したものだ。

「良順先生《りょうじゅんせんせい》、仙台《せんだい》へ行《い》きましょう」

「しかし、土方《ひじかた》くん、君《きみ》の足《あし》はまだ完全《かんぜん》には――」

「俺《おれ》が今《いま》できることと言《い》えば、それぐらいなんです」

土方《ひじかた》の強《つよ》い目《め》を見《み》て、良順《りょうじゅん》もうなずく。

「わかった、行《い》こう」

そうして、土方《ひじかた》たちは仙台《せんだい》へ向《む》かった。

◆◆◆

仙台《せんだい》に入《はい》った土方《ひじかた》は、ここである男《おとこ》と再会《さいかい》した。

幕府《ばくふ》の海軍奉行《かいぐんぶぎょう》だった榎本武揚《えのもとたけあき》である。榎本《えのもと》は旗艦《きかん》の開陽丸《かいようまる》以下《いか》、八隻《はっせき》の軍艦《ぐんかん》を引《ひ》き連《つ》れて江戸《えど》を脱《だっ》し、仙台藩《せんだいはん》の招《まね》きに応《おう》じて、八月《がつ》二十七日《にち》に仙台湾《せんだいわん》に入港《にゅうこう》していたのだ。

「榎本様《えのもとさま》、その節《せつ》は――」

「土方《ひじかた》くん、お元気《げんき》そうでなによりです」

榎本《えのもと》は幕臣《ばくしん》の永井尚志《ながいなおゆき》も連《つ》れていた。

「近藤《こんどう》くんのことは実《じつ》に残念《ざんねん》だった……」

「永井様《ながいさま》……俺《おれ》は近藤《こんどう》さんの分《ぶん》まで戦《たたか》うべく、ここまで流《なが》れて来《き》ました」

「土方《ひじかた》くん、君《きみ》も我々《われわれ》の力《ちから》になってくれ」

「もちろんです！」

土方《ひじかた》は榎本《えのもと》と永井《ながい》と固《かた》い握手《あくしゅ》を交《か》わす。

彼《かれ》らとの再会《さいかい》に、胸《むね》に希望《きぼう》が湧《わ》いてきた。


九月三日《がつみっか》、土方《ひじかた》は仙台城《せんだいじょう》に呼《よ》ばれた。

そこで奥羽越列藩同盟《おううえつれっぱんどうめい》の軍議《ぐんぎ》が開《ひら》かれた際《さい》、榎本《えのもと》が、

「私《わたし》は土方《ひじかた》くんが同盟軍《どうめいぐん》の総督《そうとく》にふさわしいと思《おも》う」

と推薦《すいせん》し、各藩《かくはん》の同意《どうい》を得《え》た。

「土方《ひじかた》くん、同盟軍《どうめいぐん》を率《ひき》いて、出陣《しゅつじん》してくれるか？」

「わかりました。ですが、ひとつ条件《じょうけん》があります。軍令《ぐんれい》に背《そむ》いた者《もの》はその場《ば》で斬《き》り捨《す》てるという許可《きょか》をいただきたい。それでも構《かま》わないのなら、総督《そうとく》の任《にん》、お引《ひ》き受《う》けします」

土方《ひじかた》の申《もう》し出《で》に、軍議《ぐんぎ》の場《ば》はざわついた。それは、逃《に》げ出《だ》す者《もの》は、ただの一兵卒《いっぺいそつ》だけでなく、諸藩《しょはん》の家老《かろう》といえど容赦《ようしゃ》しないという意味《いみ》である。

この案《あん》はいったんは受《う》け入《い》れられたものの、「生殺与奪《せいさつよだつ》の権利《けんり》」は藩主《はんしゅ》にあるものだ、という意見《いけん》が出《で》て、退《しりぞ》けられてしまい――。

（ここも腰抜《こしぬ》けばかりか……）

「失礼《しつれい》する！」

土方《ひじかた》は決然《けつぜん》と、席《せき》を立《た》った。

その後《ご》も土方《ひじかた》は榎本《えのもと》や永井《ながい》らと次《つぎ》の手《て》を考《かんが》えたが……。やがて仙台藩《せんだいはん》は恭順《きょうじゅん》に傾《かたむ》き、九月《がつ》十五日《にち》に降伏《こうふく》した。

形勢《けいせい》は悪《わる》くなるばかりである。

翌《よく》十六日《にち》には、会津《あいづ》に留《とど》まっていた旧幕府軍《きゅうばくふぐん》が合流《ごうりゅう》。しかし、その中《なか》に斎藤《さいとう》の姿《すがた》はなかった。斎藤《さいとう》は十三名《めい》の隊士《たいし》たちとともに、会津《あいづ》に残《のこ》ったのである。

斎藤《さいとう》は容保《かたもり》に忠義《ちゅうぎ》を尽《つ》くし、最後《さいご》まで新政府軍《しんせいふぐん》と戦《たたか》うことを選《えら》んだのだ。

「新選組《しんせんぐみ》は松平肥後守御預《まつだいらひごのかみおあずかり》……そうか、斎藤《さいとう》くんらしいな」

土方《ひじかた》の脳裏《のうり》に、屯所《とんしょ》に掛《か》けた表札《ひょうさつ》をうれしそうに見《み》ていた沖田総司《おきたそうじ》の姿《すがた》がよぎる。

（総司《そうじ》は今頃《いまごろ》、どうしているのか……。斎藤《さいとう》くん、総司《そうじ》の分《ぶん》も会津《あいづ》のために戦《たたか》ってくれ）

そして、その日《ひ》、土方《ひじかた》は榎本《えのもと》に呼《よ》ばれた。

「土方《ひじかた》くん、君《きみ》はどうする？　仙台藩《せんだいはん》が降伏《こうふく》した今《いま》、私《わたし》は蝦夷地《えぞち》へ向《む》かおうと考《かんが》えているが……君《きみ》も来《こ》ないか？」

蝦夷地《えぞち》の箱館《はこだて》は、この年《とし》の閏《うるう》四月《がつ》に新政府軍《しんせいふぐん》の手《て》に落《お》ちていた。蝦夷地唯一《えぞちゆいいつ》の藩《はん》である松前藩《まつまえはん》も奥羽越列藩同盟《おううえつれっぱんどうめい》に参加《さんか》していたが、藩内《はんない》の勤王派《きんのうは》に寝返《ねがえ》られ、今《いま》は新政府側《しんせいふがわ》である。榎本《えのもと》は箱館《はこだて》や松前《まつまえ》を奪《うば》い、そこに共和国《きょうわこく》を作《つく》るというのだ。

「それは、新《あたら》しい国《くに》を作《つく》るってことですか？」

「ああ、国際的《こくさいてき》にも認《みと》められる独立政権《どくりつせいけん》を目指《めざ》す。土方《ひじかた》くん、我々《われわれ》の手《て》で新《あたら》しい時代《じだい》を築《きず》こう」

榎本《えのもと》の目《め》は真剣《しんけん》だった。

土方《ひじかた》は大坂《おおさか》から江戸《えど》へ戻《もど》る海《うみ》の上《うえ》で聞《き》いた、榎本《えのもと》の言葉《ことば》を思《おも》い出《だ》した。

「榎本様《えのもとさま》、あんた、〝時代《じだい》の流《なが》れ〟ってやつに負《ま》けるつもりはねえんだよな？　だったら、俺《おれ》はあんたと一緒《いっしょ》に行《い》く」

こうと決めたら、土方《ひじかた》は素早《すばや》く動《うご》く。

「新政府軍《しんせいふぐん》に投降《とうこう》したいやつは、ここに残《のこ》ることを許《ゆる》す。戦《たたか》う意志《いし》のあるやつだけ、俺《おれ》についてこい！」

土方《ひじかた》は仙台《せんだい》まで来《き》た新選組《しんせんぐみ》の隊士《たいし》たちに告《つ》げた。この先《さき》も過酷《かこく》な戦《たたか》いが続《つづ》く。戦意《せんい》の乏《とぼ》しい者《もの》を連《つ》れて行《い》っても無駄《むだ》だ。

この呼《よ》びかけに対《たい》し、半数《はんすう》の隊士《たいし》たちが投降《とうこう》を決《き》めたが――。

「俺《おれ》は土方《ひじかた》さんと一緒《いっしょ》に行《い》きます！」

「私《わたし》も、どこまでもついて行《い》きますよ！」

島田《しまだ》、尾関《おぜき》、安富才助《やすとみさいすけ》など、二十三名《めい》の男《おとこ》たちが蝦夷地《えぞち》への移動《いどう》を希望《きぼう》した。

皆《みな》、土方《ひじかた》と最後《さいご》まで戦《たたか》うと心《こころ》に決《き》めた者《もの》たちだ。

そして、その中《なか》にはまだ十五歳《さい》と若《わか》い、土方《ひじかた》の小姓《こしょう》・市村鉄之助《いちむらてつのすけ》もいた。

「鉄之助《てつのすけ》、おまえは無理《むり》しなくていいんだぞ」

「なに言《い》ってるんですか！　私《わたし》は土方《ひじかた》さんのそばにいるのが仕事《しごと》なんですよ？　土方《ひじかた》さんが怪我《けが》をしたら、誰《だれ》が世話《せわ》をするんですか」

「はっ、言《い》ってくれるな。俺《おれ》が怪我《けが》することを前提《ぜんてい》にしてやがる」

「鳥羽《とば》・伏見《ふしみ》の戦《たたか》い」に敗《やぶ》れたあとも、鉄之助《てつのすけ》の姿《すがた》は常《つね》に土方《ひじかた》のそばにあった。彼《かれ》はこの先《さき》もそうありたいと思《おも》っているのだ。

それから、土方《ひじかた》は良順《りょうじゅん》に渡航《とこう》の意志《いし》を告《つ》げに行《い》った。

「土方《ひじかた》くん、蝦夷地《えぞち》へ向《む》かう話《はなし》は私《わたし》も榎本《えのもと》さんから聞《き》いたが……私《わたし》は賛成《さんせい》できない。会津《あいづ》や庄内《しょうない》を救《すく》うべきだ。君《きみ》は容保公《かたもりこう》に恩義《おんぎ》を感《かん》じているはずだ。なのに、なぜ――」

「会津《あいづ》には斎藤《さいとう》くんがいます。だから、俺《おれ》は心置《こころお》きなく榎本様《えのもとさま》について行《い》けるんです」

「土方《ひじかた》くん、君《きみ》はそうまでして……なぜ戦《たたか》うんだ？」

そう問《と》う良順《りょうじゅん》に、

「俺《おれ》は勝算《しょうさん》があって戦《たたか》っているわけじゃない。幕府《ばくふ》が倒《たお》れようとしているときに、立《た》ち上《あ》がろうとしない武士《ぶし》がいることが情《なさ》けないのです」

と土方《ひじかた》は答《こた》えた。

「そうか、君《きみ》は義《ぎ》に生《い》きるんだな」

「俺《おれ》は蝦夷地《えぞち》へ向《む》かいます。先生《せんせい》はいずれ江戸《えど》へ戻《もど》ったほうがいい」

その後《ご》、土方《ひじかた》は新選組《しんせんぐみ》の入隊者《にゅうたいしゃ》を募《つの》った。

仙台《せんだい》に来《き》ていた桑名藩主《くわなはんしゅ》の松平定敬《まつだいらさだあき》（容保《かたもり》の弟《おとうと》で京都所司代《きょうとしょしだい》）や、老中《ろうじゅう》の板倉勝静《いたくらかつきよ》（備《びっ》中松山藩主《ちゅうまつやまはんしゅ》）、唐津藩《からつはん》の世子《せいし》・小笠原長行《おがさわらながみち》なども蝦夷地《えぞち》へ向《む》かうことを決意《けつい》していたのだが、船《ふね》の乗員数《じょういんすう》には上限《じょうげん》がある。それで、彼《かれ》らに随伴《ずいはん》する家臣《かしん》を榎本《えのもと》が三人以内《にんいない》としたため、新選組《しんせんぐみ》があぶれた者《もの》たちの受《う》け皿《ざら》になったのだ。

主《あるじ》とともに蝦夷地《えぞち》へ行《い》きたいという男《おとこ》たちが加《くわ》わり、新選組《しんせんぐみ》は百人《にん》を超《こ》える一部隊《いちぶたい》として復活《ふっかつ》した。

「土方《ひじかた》さん、俺《おれ》たちはまだまだやれますよ！」

尾関《おぜき》が勢《いきお》いよく「誠《まこと》」の旗《はた》を振《ふ》る。

青空《あおぞら》に翻《ひるがえ》る赤《あか》い旗《はた》を見《み》つめながら、土方《ひじかた》は近藤《こんどう》の墓《はか》を思《おも》い浮《う》かべた。容保《かたもり》が近藤《こんどう》の忠義《ちゅうぎ》に報《むく》いようと戒名《かいみょう》を考《かんが》え、会津《あいづ》の地《ち》に建《た》ててくれたのだ。

（近藤《こんどう》さん、行《い》ってくる！）

十月《がつ》、土方《ひじかた》は新《あら》たな新選組《しんせんぐみ》を率《ひき》いて、大江丸《おおえまる》に乗《の》り込《こ》んだ。榎本率《えのもとひき》いる旗艦《きかん》・開陽丸《かいようまる》をはじめとする旧幕府艦隊《きゅうばくふかんたい》とともに大海原《おおうなばら》を進《すす》む。

はるか、北《きた》の大地《だいち》へと——。

誠
誠

第《だい》十六章《しょう》◆箱館《はこだて》に散《ち》る

十月《がつ》二十一日《にち》、土方《ひじかた》は蝦夷地《えぞち》の鷲《わし》ノ木浜《きはま》に上陸《じょうりく》した。

季節《きせつ》はすでに冬《ふゆ》のはじめを迎《むか》えており、大地《だいち》は一面《いちめん》の雪《ゆき》に覆《おお》われていた。

「蝦夷地《えぞち》は寒《さむ》いな……」

「土方《ひじかた》くん、では」

「大鳥《おおとり》さん、箱館《はこだて》で会《あ》いましょう」

旧幕府《きゅうばくふ》の陸軍《りくぐん》は約《やく》千三百人《にん》。

幕府《ばくふ》の歩兵奉行《ほへいぶぎょう》だった大鳥圭介《おおとりけいすけ》の隊《たい》七百は内陸部《ないりくぶ》から、土方《ひじかた》の隊《たい》六百は海岸沿《かいがんぞ》いの間道《かんどう》を、と二手《ふたて》に分《わ》かれ、箱館《はこだて》へ向《む》けて進軍《しんぐん》を開始《かいし》した。

寒風《かんぷう》は肌《はだ》を引《ひ》き裂《さ》くかのように鋭《するど》く吹《ふ》きつけ、激《はげ》しく雨《あめ》と雪《ゆき》を叩《たた》きつけてくる。皆《みな》、全身《ぜんしん》びしょ濡《ぬ》れになりながら進《すす》み――。

二十六日《にち》、大鳥《おおとり》と土方《ひじかた》の陸軍《りくぐん》は五稜郭《ごりょうかく》を占領《せんりょう》した。旧幕府軍《きゅうばくふぐん》が進攻《しんこう》してくると知《し》った守備兵《しゅびへい》たちが、前日《ぜんじつ》に外国商船《がいこくしょうせん》に乗《の》り込《こ》んで逃《に》げたため、すんなりと入城《にゅうじょう》できたのだ。鷲《わし》ノ木沖《きおき》に停泊《ていはく》していた海軍《かいぐん》は箱館湾《はこだてわん》に航進《こうしん》し、ここに陸海両軍《りくかいりょうぐん》が集結《しゅうけつ》した。

五稜郭《ごりょうかく》は函館開港《はこだてかいこう》を機《き》に計画《けいかく》され、元治元年《げんじがんねん》（一八六四年《ねん》）に完成《かんせい》した日本初《にほんはつ》の西洋式《せいようしき》城郭《じょうかく》で、海上《かいじょう》からの攻撃《こうげき》を避《さ》けるため、内陸部《ないりくぶ》に建《た》てられていた。

次《つぎ》の標的《ひょうてき》は、蝦夷地《えぞち》にある唯一《ゆいいつ》の藩《はん》で新政府軍《しんせいふぐん》に恭順《きょうじゅん》を示《しめ》している松前藩《まつまえはん》である。

榎本《えのもと》はさっそく軍議《ぐんぎ》を開《ひら》き、まずは松前藩《まつまえはん》に和平《わへい》を持《も》ち掛《か》けて同盟《どうめい》を結《むす》び、蝦夷地《えぞち》を共《きょう》同統治《どうとうち》する方向《ほうこう》で固《かた》まった。

「土方《ひじかた》くん、君《きみ》に総督《そうとく》をお願《ねが》いしたい」

土方《ひじかた》は七百人余《にんあま》りの軍《ぐん》を率《ひき》い、松前《まつまえ》に向《む》かった。

しかし、松前藩《まつまえはん》がもとより和平《わへい》に応《おう》ずる気《き》がなかったこともあり、交渉《こうしょう》は決裂《けつれつ》。十一月《がつ》一日《ついたち》の夜《よる》、戦《いくさ》がはじまった。

翌二日《よくふつか》、松前沖《まつまえおき》から海軍《かいぐん》が城下《じょうか》に向《む》けて砲撃《ほうげき》し、土方《ひじかた》も高台《たかだい》から城《しろ》の正門《せいもん》へ大砲《たいほう》を撃《う》ち込《こ》み、その後《ご》、部隊《ぶたい》を率《ひき》いて城《しろ》の裏手《うらて》に回《まわ》り、敵《てき》の背後《はいご》を突《つ》いた。

その結果《けっか》、松前藩兵《まつまえはんぺい》は次々《つぎつぎ》と逃《に》げ出《だ》し――。

十五日《にち》に蝦夷地《えぞち》を平定《へいてい》した。

◆◆◆

十二月《がつ》十四日、旧幕府軍《きゅうばくふぐん》は箱館《はこだて》へ凱旋《がいせん》した。

すでに外国《がいこく》に開《ひら》かれていた箱館《はこだて》には各国《かっこく》の領事館《りょうじかん》があり、そこに駐在《ちゅうざい》している領事《りょうじ》や箱《はこ》館《だて》の有力者《ゆうりょくしゃ》を招《まね》いての祝賀会《しゅくがかい》が行《おこな》われた。

箱館港《はこだてこう》と、そこに築《きず》かれた弁天台場《べんてんだいば》からは百一発《ぱつ》の祝砲《しゅくほう》が撃《う》たれ、停泊《ていはく》している軍艦《ぐんかん》には五色《しょく》の旗《はた》が飾《かざ》られ、夜《よる》の町《まち》はたくさんの提灯《ちょうちん》の明《あ》かりで照《て》らされた。

そして、蝦夷地《えぞち》を平定《へいてい》した旧幕府軍《きゅうばくふぐん》は、

「将来的《しょうらいてき》には徳川家《とくがわけ》から蝦夷地《えぞち》の主《あるじ》を迎《むか》えるにせよ、それまでは我々《われわれ》の手《て》で政府《せいふ》を運営《うんえい》していかねばならない」

という考《かんが》えのもと、新《あたら》しい仕組《しく》みを作《つく》ることになり、選挙《せんきょ》が行《おこな》われた。投票者《とうひょうしゃ》は中級以《ちゅうきゅうい》上《じょう》の士官約《しかんやく》九百人《にん》で、これは日本初《にほんはつ》の選挙《せんきょ》であった。

最多得票数《さいたとくひょうすう》で総裁《そうさい》に選《えら》ばれたのは、榎本武揚《えのもとたけあき》。

永井尚志《ながいなおゆき》は箱館奉行《はこだてぶぎょう》、大鳥《おおとり》は陸軍奉行《りくぐんぶぎょう》、土方《ひじかた》は陸軍奉行《りくぐんぶぎょう》の次官《じかん》である陸軍奉行並《りくぐんぶぎょうなみ》、箱館《はこだて》市中取締《しちゅうとりしまり》、裁判局頭取《さいばんきょくとうどり》を兼任《けんにん》することになった。

そして、二十九日《にち》。土方《ひじかた》は俳句《はいく》の会《かい》に参加《さんか》していた。軍《ぐん》の中《なか》で俳句《はいく》をたしなむ男《おとこ》たちが集《あつ》まり、ささやかに年忘《としわす》れの句会《くかい》を開《ひら》いたのだ。

その中《なか》に、箱館奉行並《はこだてぶぎょうなみ》の中島三郎助《なかじまさぶろうすけ》がいた。

中島《なかじま》はペリー来航《らいこう》の折《おり》、浦賀奉行所《うらがぶぎょうしょ》の与力《よりき》として勤務《きんむ》しており、アメリカとの交渉《こうしょう》に携《たずさ》わり、ペリー艦隊《かんたい》の旗艦《きかん》に乗《の》り込《こ》んだ――いわば、黒船《くろふね》を初《はじ》めて間近《まぢか》で見《み》た日本人《にほんじん》だ。

句会《くかい》のあと、酒《さけ》を酌《く》み交《か》わしながら土方《ひじかた》は中島《なかじま》と少《すこ》し話《はなし》をした。

「しかし、新選組《しんせんぐみ》の鬼《おに》の副長《ふくちょう》が俳句《はいく》をたしなむとはな、少《すこ》し驚《おどろ》いたよ」

「なんとも無骨《ぶこつ》な句《く》で……お恥《は》ずかしいですが」

木鶏《もっけい》という俳号《はいごう》を持《も》つ中島《なかじま》の句《く》は、「さざ波《なみ》の　ままにみぎわの　氷《こおり》かな」で、豊玉《ほうぎょく》という俳号《はいごう》の土方《ひじかた》の句《く》は、

わが齢《よわい》　氷《こお》る辺土《へんど》に　年送《としおく》る

だった。凍《い》てつく大地《だいち》で年《とし》を越《こ》していく……様々《さまざま》な気持《きも》ちを込《こ》めた句《く》だ。

「蝦夷地《えぞち》は身体《からだ》の芯《しん》まで凍《こお》るな。浦賀《うらが》は冬《ふゆ》でもあたたかい日《ひ》が多《おお》くてね、いいところだった。黒船《くろふね》さえ来《こ》なければ、こんな北《きた》の果《は》てに来《く》ることもなかったかもしれんなあ……」

ペリー来航《らいこう》から、わずか十五年《ねん》。日本《にほん》の国《くに》は揺《ゆ》れに揺《ゆ》れ、ついに将軍《しょうぐん》がその座《ざ》を降《お》り、幕府《ばくふ》も崩壊《ほうかい》するに至《いた》った……。

「お互《たが》い、子《こ》どもの頃《ころ》には想像《そうぞう》もしなかったことになっていますよね。俺《おれ》は武士《ぶし》になりたくてしょうがなくて……。なのに、なってみたら、幕府《ばくふ》がなくなってしまいました」

少《すこ》し冗談《じょうだん》めかして土方《ひじかた》が言《い》うと、中島《なかじま》が笑《わら》った。

「それは気《き》の毒《どく》だったな。西洋化《せいようか》だなんだと時代《じだい》は進《すす》んでいくが、古臭《ふるくさ》いと言《い》われても、私《わたし》は最後《さいご》まで武士《ぶし》でありたいと思《おも》っているよ」

「俺《おれ》も同《おな》じです」

土方《ひじかた》は短《みじか》く答《こた》えた。

言葉《ことば》を重《かさ》ねなくても、中島《なかじま》には充分伝《じゅうぶんつた》わると思《おも》った。

五稜郭《ごりょうかく》に戻《もど》ったあと、土方《ひじかた》が大手門《おおてもん》の櫓《やぐら》から雪《ゆき》に染《そ》まった箱館《はこだて》の町《まち》を眺《なが》めていると、永《なが》井《い》がやってきた。

「永井様《ながいさま》、眠《ねむ》れないんですか」

「君《きみ》とふたりで話《はなし》をしたくてね。先《さき》ほど、君《きみ》の小姓《こしょう》から、ここだと聞《き》いた」

「鉄之助《てつのすけ》ですね。——で、俺《おれ》になにか?」

「……沖田《おきた》くんは、五月三十日《がつにち》に亡《な》くなったそうだよ」

「そうですか……」

「前《まえ》に届《とど》いた江戸《えど》からの報《しら》せの中《なか》に入《はい》っていたんだが、なかなか話《はな》す機会《きかい》がなくて……遅《おそ》くなってすまなかった」

沖田総司《おきたそうじ》は日野《ひの》で甲陽鎮撫隊《こうようちんぶたい》を抜《ぬ》けたのち、江戸《えど》で療養《りょうよう》を続《つづ》け、永井《ながい》の知《し》り合《あ》いの伝《つて》で義侠心《ぎきょうしん》のある植木屋《うえきや》に預《あず》けられ、そこで最期《さいご》を迎《むか》えたという。

「永井様《ながいさま》のおかげで、あいつは新政府軍《しんせいふぐん》のやつらに捕《つか》まって侮辱《ぶじょく》されずにすみました。本《ほん》当《とう》にありがとうございます」

「土方《ひじかた》くん、新選組《しんせんぐみ》は本当《ほんとう》によくやってくれた……」

永井《ながい》は目《め》に涙《なみだ》を浮《う》かべた。

「時々《ときどき》、近藤《こんどう》くんと長州《ちょうしゅう》へ行《い》ったときのことを思《おも》い出《だ》すよ。新選組《しんせんぐみ》は人斬《ひとき》り集団《しゅうだん》だと恐《おそ》れられていたが、彼《かれ》にはちゃんと時勢《じせい》を見極《みきわ》める才《さい》があった。幕府《ばくふ》がこんなことにならなければ、今頃《いまごろ》は——」

永井《ながい》が去《さ》ったあと、土方《ひじかた》も外《そと》に出《で》た。

空《そら》を見上《みあ》げると、凍《い》てつく夜空《よぞら》から雪《ゆき》が舞《ま》い降《お》りてきた。

（近藤《こんどう》さんに続《つづ》き、総司《そうじ》も逝《い》っちまったんだな……。俺《おれ》ひとり、北《きた》の大地《だいち》で生《い》きてるなんてよお……）

この年《とし》の九月《がつ》に、元号《げんごう》が慶応《けいおう》から明治《めいじ》に改《あらた》められている。近藤勇《こんどういさみ》も沖田《おきた》も、慶応《けいおう》の世《よ》のうちに死《し》んでいった——……。

土方《ひじかた》は重《おも》い息《いき》を吐《は》く。

生《い》きている証《あかし》だとでもいうように、白《しろ》い息《いき》が極寒《ごっかん》の夜《よる》に溶《と》けていった。

◆◆◆

明治《めいじ》二年《ねん》（一八六九年《ねん》）三月《がつ》十五日《にち》、新政府軍《しんせいふぐん》の艦隊《かんたい》が北上《ほくじょう》しているという情報《じょうほう》が入《はい》り、内地《ないち》に残《のこ》してきた偵察《ていさつ》の者《もの》からも、「敵《てき》は宮古湾《みやこわん》に集結《しゅうけつ》したのち、箱館《はこだて》を攻《せ》めにくる」という報《しら》せが届《とど》いた。そこで、

「夜明《よあ》け前《まえ》に敵艦隊《てきかんたい》を宮古湾《みやこわん》で叩《たた》き、甲鉄丸《こうてつまる》を奪取《だっしゅ》する」

という計画《けいかく》が立《た》った。旧幕府軍《きゅうばくふぐん》の旗艦《きかん》・開陽丸《かいようまる》は、昨年《さくねん》の戦《いくさ》ですでに失《うしな》っていたので、

敵《てき》の戦力《せんりょく》も削《そ》ぎつつ、自軍《じぐん》の戦力強化《せんりょくきょうか》を行《おこな》う必要《ひつよう》があるのだ。

しかし、この奇襲作戦《きしゅうさくせん》は失敗《しっぱい》した。

三月二十日《がつはつか》、土方《ひじかた》が乗船《じょうせん》した回天丸《かいてんまる》を含《ふく》む、蟠龍丸《ばんりゅうまる》、高雄丸《たかおまる》の三隻《せき》の軍艦《ぐんかん》は箱館《はこだて》を出航《しゅっこう》したのだが、嵐《あらし》に見舞《みま》われて蟠龍丸《ばんりゅうまる》とはぐれた挙《あ》げ句《く》、甲鉄丸《こうてつまる》に接舷《せつげん》して行《おこな》った白兵戦《はくへいせん》も、回天丸《かいてんまる》と甲鉄丸《こうてつまる》の高低差《こうていさ》のため、少数《しょうすう》の兵《へい》しか敵艦《てきかん》に飛《と》び移《うつ》れず……。回天丸《かいてんまる》の艦長《かんちょう》も狙《そ》撃《げき》されて命《いのち》を落《お》とすなど、味方《みかた》の犠牲《ぎせい》を払《はら》っただけで終《お》わってしまった。

この戦《いくさ》では、新選組《しんせんぐみ》の野村利三郎《のむらりさぶろう》が戦死《せんし》、相馬主計《そうまかずえ》が負傷《ふしょう》した。野村《のむら》は近藤《こんどう》が板橋《いたばし》に出《しゅっ》頭《とう》した際《さい》に同行《どうこう》した隊士《たいし》で、近藤《こんどう》とともに処刑《しょけい》されるはずだったところを、近藤《こんどう》の嘆願《たんがん》により命《いのち》を助《たす》けられた男《おとこ》である。

また、相馬《そうま》も土方《ひじかた》とともに近藤《こんどう》を助《たす》けるために江戸《えど》に潜伏《せんぷく》し、勝海舟《かつかいしゅう》の書状《しょじょう》を持《も》って板《いた》橋《ばし》へ向《む》かった際《さい》、捕《と》らえられて処刑《しょけい》を言《い》い渡《わた》されたが、やはり近藤《こんどう》の嘆願《たんがん》により、命《いのち》を落《お》とさずにすんだ男《おとこ》だった。

三月二十七日《がつにち》、戦死者《せんししゃ》の葬儀《そうぎ》が箱館《はこだて》の浄源寺《じょうげんじ》で行《おこな》われた。

「野村《のむら》も私《わたし》も近藤《こんどう》さんに命《いのち》を助《たす》けられました……。近藤《こんどう》さんの分《ぶん》も土方《ひじかた》さんとともに新選《しんせん》組《ぐみ》として戦《たたか》い抜《ぬ》くと誓《ちか》ったのに……悔《くや》しいです」

「相馬《そうま》くん……。早《はや》く傷《きず》を治《なお》してくれ。そして、最後《さいご》まで俺《おれ》とともに戦《たたか》おう」

土方《ひじかた》は相馬《そうま》の肩《かた》を叩《たた》き、ぐっ、と唇《くちびる》を噛《か》みしめた。


そして、四月《がつ》に入《はい》り——。

雪解《ゆきど》けを待《ま》っていた新政府軍《しんせいふぐん》が青森《あおもり》を出航《しゅっこう》し、北上《ほくじょう》。九日《ここのか》、江差《えさし》の北方《ほっぽう》の乙部《おとべ》から蝦夷《えぞ》に上陸《じょうりく》し、三方向《ほうこう》から箱館《はこだて》を目指《めざ》して南下《なんか》を開始《かいし》した。

その報《しら》せが入《はい》るや、土方《ひじかた》は二股口《ふたまたぐち》を守《まも》るために出陣《しゅつじん》。市渡村《いちのわたりむら》に陣《じん》を張《は》った際《さい》、日暮《ひぐ》れに盃《さかずき》を傾《かたむ》けながら、部下《ぶか》たちに自分《じぶん》の思《おも》いを語《かた》った。

「味方《みかた》の人数《にんずう》には限《かぎ》りがあるが、敵《てき》の人数《にんずう》には限《かぎ》りがない。一時《いっとき》、勝利《しょうり》を得《え》ても、いつかは敗《やぶ》れるだろう……。だからといって、ここを守《まも》れなかった場合《ばあい》、仕方《しかた》なかったじゃすまされねえ。身《み》をもって殉《じゅん》ずるのみだ」

翌十日《よくとおか》、土方《ひじかた》は二股口《ふたまたぐち》に着陣《ちゃくじん》し、台場山《だいばやま》に十六もの胸壁《きょうへき》を築《きず》いた。二股口《ふたまたぐち》は峻険《しゅんけん》な山間《さんかん》部《ぶ》を貫《つらぬ》く一本道《いっぽんみち》が通《とお》るのみで、防衛《ぼうえい》に適《てき》している。山道《やまみち》にさしかかった新政府軍《しんせいふぐん》をここで狙《ねら》い撃《う》ちし、撃退《げきたい》するのだ。

四月《がつ》十三日《にち》の夜明《よあ》け前《まえ》、ついに戦《いくさ》がはじまった。市渡村《いちのわたりむら》で休《やす》んでいた土方《ひじかた》はその報《しら》せを聞《き》くと、決死隊《けっしたい》を募《つの》ってただちに急行《きゅうこう》した。

二股口《ふたまたぐち》に着《つ》いたときには、東《ひがし》の空《そら》が白《しら》みはじめていた。

「撃《う》て――っ、撃《う》て――っ！　新政府《しんせいふ》のやつらを箱館《はこだて》に入《い》れるな！」

途中《とちゅう》、雨《あめ》のために戦《たたか》いが中断《ちゅうだん》した際《さい》、土方《ひじかた》は「酒《さけ》に酔《よ》って軍律違反《ぐんりついはん》したら困《こま》るから、ひとり一杯《いっぱい》だけだ」と言《い》って酒《さけ》を配《くば》り、兵《へい》を労《ねぎら》った。

雨《あめ》がやむと、ふたたび戦《いくさ》の火蓋《ひぶた》が切《き》られ――。

敵《てき》は六百。土方隊《ひじかたたい》は二百。三倍《ばい》もの兵力差《へいりょくさ》があったが、十六時間以上《じかんいじょう》、銃《じゅう》を撃《う》ち続《つづ》け、三万五千発《ぱつ》もの弾《たま》を使《つか》った結果《けっか》、新政府軍《しんせいふぐん》の撃退《げきたい》に成功《せいこう》した。

戦《たたか》いが終《お》わったとき、兵《へい》の顔《かお》は皆《みな》、硝煙《しょうえん》のために真《ま》っ黒《くろ》だった。

「おまえ、顔《かお》が黒《くろ》いぞ」

「そっちこそ、まるで悪党《あくとう》みてえだ」

兵《へい》たちは互《たが》いの顔《かお》を見《み》て笑《わら》い合《あ》い、土方《ひじかた》もその様子《ようす》を見《み》て「みんなよくやってくれた」と笑《わら》った。

◆◆◆

四月十五日《がつにち》の午後《ごご》、土方《ひじかた》は小姓《こしょう》の市村鉄之助《いちむらてつのすけ》を呼《よ》び出《だ》した。

「鉄之助《てつのすけ》、おまえ、いくつになった？」

「えっと、十六ですが——」

なんで今頃《いまごろ》、こんなことを訊《き》かれるんだろう、と鉄之助《てつのすけ》がとまどいつつも答《こた》えると、

「やっぱり、まだガキだな」

と土方《ひじかた》が笑《わら》った。

（子《こ》ども扱《あつか》いされて、戦線《せんせん》から外《はず》される⁉）

そう思《おも》って焦《あせ》った鉄之助《てつのすけ》は、ムキになって言《い》い募《つの》った。

「そ、そりゃあ、私《わたし》はまだ子《こ》どもかもしれませんが、鳥羽《とば》・伏見《ふしみ》からこのかた、戦《いくさ》をいくつも潜《くぐ》り抜《ぬ》けてきました！　ですから、ただのガキではありません！」

「そうだよなあ、ただのガキじゃねえよなあ」

「そ、そうですよ……」

土方《ひじかた》の真意《しんい》が読《よ》めず、鉄之助《てつのすけ》が少《すこ》し怯《ひる》むと、土方《ひじかた》が急《きゅう》に話《はなし》を変《か》えた。

「今《いま》のおまえより、ひとつかふたつ上《うえ》の年《とし》の頃《ころ》かな。その頃《ころ》の俺《おれ》は、薬《くすり》の行商《ぎょうしょう》なんぞをし

てくすぶっていたが、それでも『いつか武士《ぶし》になってやる』と誓《ちか》って家《いえ》の庭《にわ》に箭篠《やじの》を植《う》えたんだ。どうだ、その竹《たけ》を見《み》てみたくないか？」

「えっ、それはもちろん見《み》てみたいですけど……」

「だったら、見《み》に行《い》ってこい」

土方《ひじかた》はそう言《い》って、一枚《まい》の写真《しゃしん》を取《と》り出《だ》した。鉄之助《てつのすけ》は目《め》をみはり、じっ、とそれを見《み》つめる。

「おまえに特別《とくべつ》な任務《にんむ》を与《あた》える。これを日野《ひの》の佐藤彦五郎《さとうひこごろう》に届《とど》けてほしい」

このとき、土方《ひじかた》は死《し》を覚悟《かくご》していた。

敵《てき》の数《かず》にはキリがない。いずれは箱館《はこだて》も囲《かこ》まれる。そうなる前《まえ》に、鉄之助《てつのすけ》とともに、自分《じぶん》の形見《かたみ》を故郷《こきょう》に送《おく》り出《だ》したいと思《おも》ったのだ。

鉄之助《てつのすけ》は「最後《さいご》までともに戦《たたか》いたい」と、なかなか承諾《しょうだく》しなかったが、ついには折《お》れ、土方《ひじかた》が手配《てはい》した横浜《よこはま》へ向《む》かう外国商船《がいこくしょうせん》に乗《の》ることになった。

（鉄之助《てつのすけ》、頼《たの》んだぞ）

土方《ひじかた》は五稜郭《ごりょうかく》の櫓門《やぐらもん》の窓《まど》から、走《はし》って行《い》く鉄之助《てつのすけ》を見送《みおく》った。

そして、月《つき》が変《か》わり――。

五月十日《がつとおか》、新政府軍《しんせいふぐん》による総攻撃開始《そうこうげきかいし》の前夜《ぜんや》、土方《ひじかた》は榎本《えのもと》や大鳥《おおとり》ら幹部《かんぶ》たちと武蔵野楼《むさしのろう》という料亭《りょうてい》で別《わか》れの盃《さかずき》を交《か》わしたのだが、

「こういう場《ば》はどうも性《しょう》に合《あ》わねえ。先《さき》に戻《もど》る」

と、ともに出席《しゅっせき》していた添役《そえやく》の相馬《そうま》と大野右仲《おおのうちゅう》に告《つ》げて、こっそりと広間《ひろま》を出《で》、玄関《げんかん》に向《む》かった。

すると、廊下《ろうか》の途中《とちゅう》の窓辺《まどべ》に榎本《えのもと》がいた。

「土方《ひじかた》くん、もう帰《かえ》るのかね」

「ええ、榎本総裁《えのもとそうさい》こそ、ここでなにをしてるんですか」

「時代《じだい》の流《なが》れってやつのことを、考《かんが》えていたんですよ。国《くに》が新《あたら》しく生《う》まれ変《か》わろうというとき、どうしたって古《ふる》いほうにしがみつく者《もの》が出《で》てくる。でも、結局《けっきょく》は新《あたら》しい波《なみ》に呑《の》み込《こ》まれてしまう……」

土方《ひじかた》はこのとき、榎本《えのもと》はその〝古《ふる》いほう〟の受《う》け皿《ざら》になったのではないか、と思《おも》った。

幕府方《ばくふがた》の抗戦派《こうせんは》の不満《ふまん》のはけ口《ぐち》としての役目《やくめ》を負《お》ったのだと。

数日《すうじつ》のうちに、箱館《はこだて》での戦《いくさ》は終《お》わるだろう。

多《おお》くの血《ち》を、北《きた》の大地《だいち》に流《なが》して。

「総裁《そうさい》、あんた、死《し》ぬつもりじゃないだろうな？　あんたはダメだ。生《い》きて、あっちの政《せい》府《ふ》に食《く》い込《こ》め。そして、時代《じだい》の流《なが》れってやつに勝《か》ってくれ」

土方《ひじかた》は真剣《しんけん》な目《め》で、榎本《えのもと》を見《み》つめた。

窓《まど》の向《む》こうに広《ひろ》がる夜空《よぞら》には、星《ほし》がまたたいている。

「土方《ひじかた》くん、そういう君《きみ》こそ、死《し》ぬつもりだろう？」

「さあな……」

土方《ひじかた》は口《くち》の端《は》を歪《ゆが》め、くっ、と笑《わら》った。

「近藤《こんどう》さんが死《し》んだとき、俺《おれ》はやれるところまでやってやろうと思《おも》った。最後《さいご》まで、その意気《いき》でやるだけだ」

榎本《えのもと》に一礼《いちれい》して、土方《ひじかた》は立《た》ち去《さ》った。


そして日《ひ》が変《か》わり、五月《がつ》十一日午前《にちごぜん》三時頃《じごろ》、総攻撃《そうこうげき》がはじまった。

新政府軍《しんせいふぐん》は海《うみ》と山《やま》から、箱館《はこだて》を囲《かこ》むように攻《せ》めてくる。

箱館山《はこだてやま》の守《まも》りに入《はい》っていた新選組《しんせんぐみ》は、ここで防戦《ぼうせん》に努《つと》めるが、多《おお》くの戦死者《せんししゃ》を出《だ》し、弁《べん》天台場《てんだいば》に立《た》て籠《こ》もった。

台場《だいば》に入《はい》った相馬《そうま》は、大野《おおの》に、

「君《きみ》は五稜郭《ごりょうかく》に行《い》って、援軍《えんぐん》を呼《よ》んできてくれ！」

と頼《たの》み、大野《おおの》は走《はし》って五稜郭《ごりょうかく》を目指《めざ》した。

そして、その途中《とちゅう》——五稜郭《ごりょうかく》の北西《ほくせい》に位置《いち》する千代ヶ岡陣屋《ちよがおかじんや》に寄《よ》ったとき、土方《ひじかた》がちょうど馬《うま》にまたがって、五十人《にん》ほどの兵《へい》を率《ひき》いて出陣《しゅつじん》するところだった。

「土方《ひじかた》さん！　新選組《しんせんぐみ》が弁天台場《べんてんだいば》に！」

大野《おおの》が状況報告《じょうきょうほうこく》をした直後《ちょくご》、海《うみ》のほうから轟音《ごうおん》が聞《き》こえた。

旧幕府軍《きゅうばくふぐん》の軍艦《ぐんかん》・蟠龍丸《ばんりゅうまる》が敵艦《てきかん》を砲撃《ほうげき》し、見事《みごと》に沈《しず》めたのである。

「蟠龍丸《ばんりゅうまる》が……」

「蟠龍丸《ばんりゅうまる》が、やったぞ！」

沸《わ》き立《た》つ兵《へい》たちを見《み》て、土方《ひじかた》は大《おお》きな声《こえ》で言《い》った。

「この機《き》を逃《のが》してはならない！　前進《ぜんしん》するんだ！　大野《おおの》くん、君《きみ》は兵《へい》を率《ひき》いて弁天台場《べんてんだいば》へ向《む》かえ！　俺《おれ》は関門《かんもん》で退《ひ》く者《もの》を斬《き》る！　安富《やすとみ》くん、大島《おおしま》くん、行《い》くぞ！」

宇都宮城攻略《うつのみやじょうこうりゃく》の際《さい》も、土方《ひじかた》は味方《みかた》を鼓舞《こぶ》するために敗走兵《はいそうへい》をひとり斬《き》った。本当《ほんとう》は斬《き》りたくはないが、戦略上《せんりゃくじょう》、必要《ひつよう》なときは仕方《しかた》ない。

(俺《おれ》は鬼《おに》になる！)

土方《ひじかた》は部下《ぶか》たちを率《ひき》いて、一本木関門《いっぽんぎかんもん》の守備《しゅび》に回《まわ》った。

港《みなと》のほうでは機関《きかん》の故障《こしょう》のために海岸《かいがん》に乗《の》り上《あ》げていた回天丸《かいてんまる》が敵艦《てきかん》に砲弾《ほうだん》を浴《あ》びせていたが、陸《りく》からも敵軍《てきぐん》の攻撃《こうげき》を受《う》け、乗組員《のりくみいん》たちがボートで脱出《だっしゅつ》しはじめていた。

が、一本木関門《いっぽんぎかんもん》に近《ちか》い浜《はま》を目指《めざ》した彼《かれ》らは、敵兵《てきへい》に気《き》づかれてしまった。

「回天丸《かいてんまる》の皆《みな》を援護《えんご》しろ！」

回天丸《かいてんまる》の脱出者《だっしゅつしゃ》たちを無事《ぶじ》に上陸《じょうりく》させるため、土方《ひじかた》は関門《かんもん》の兵《へい》たちとともに戦《たたか》い、彼《かれ》らが無事《ぶじ》に五稜郭方面《ごりょうかくほうめん》へ走《はし》って行《い》くのを見届《みとど》けると、ふたたび関門《かんもん》の守備《しゅび》に戻《もど》るべく、馬首《ばしゅ》を巡《めぐ》らした。

そうして、関門《かんもん》を目指《めざ》して駆《か》けていたとき――。

「――っ⁉」

一発《ぱっ》の銃弾《じゅうだん》が、馬上《ばじょう》の土方《ひじかた》の腹部《ふくぶ》を貫《つらぬ》いた。

終章《しゅうしょう》◆日野《ひの》にて

明治《めいじ》二年《ねん》（一八六九年《ねん》）七月初旬《がっしょじゅん》。

日野《ひの》の佐藤彦五郎邸《さとうひこごろうてい》に、ぼろぼろの服《ふく》を身《み》に纏《まと》った、やせぎすの少年《しょうねん》が現《あらわ》れた。家《いえ》の軒《のき》先《さき》に立《た》って、ちらちらと中《なか》の様子《ようす》をうかがっている。

それに気《き》づいた女中《じょちゅう》が、彦五郎《ひこごろう》の妻《つま》・のぶに知《し》らせに行《い》った。

「奥様《おくさま》、家《いえ》の前《まえ》に、気味《きみ》の悪《わる》い子《こ》どもがいるんですが……」

「あら、いやだ」

まさか新政府側《しんせいふがわ》の間者《かんじゃ》の類《たぐい》では？　と思《おも》ったのぶは飛《と》んで行《い》き、

「うちはね、世間様《せけんさま》に隠《かく》し立《だ》てするようなことは一切《いっさい》してないよ！　出《で》て行《い》きな！」

と、追《お》い立《た》てたが、その少年《しょうねん》はなかなか立《た》ち去《さ》らず、ついには台所《だいどころ》に入《はい》り込《こ》み、

「ここは佐藤彦五郎《さとうひころう》さんの家《いえ》ですよね？　彦五郎《ひこごろう》さんに会《あ》わせてください！」

と土間《どま》に座《すわ》り込《こ》み、頭《あたま》を下《さ》げた。

「なんで、うちの人《ひと》に……？」

「うちの人《ひと》？　もしかして、あなたは土方《ひじかた》さんの――」

「姉貴《あねき》だよ！　弟《おとうと》になんか用《よう》かい？　ここにはいないよ！」

「こ、これを――」

震《ふる》える手《て》で少年《しょうねん》が差《さ》し出《だ》したのは、一枚《まい》の小《ちい》さな写真《しゃしん》と添《そ》え書《が》きの紙《かみ》だった。

断髪《だんぱつ》した土方《ひじかた》が洋式《ようしき》の軍服《ぐんぷく》に身《み》を包《つつ》み、椅子《いす》に腰《こし》かけている写真《しゃしん》だった。甲陽鎮撫隊《こうようちんぶたい》の行軍《こうぐん》の際《さい》に見《み》たのと同《おな》じだ。

「歳三《としぞう》……」

添《そ》え書《が》きには、「使《つか》いの者《もの》の身《み》の上《うえ》、頼《たの》みます　義豊《よしとよ》」とあった。義豊《よしとよ》とは、土方《ひじかた》の諱《いみな》である。まず間違《まちが》いなく、弟《おとうと》の真筆《しんぴつ》だ。

「あんたは誰《だれ》だい？」

「私《わたし》は……市村鉄之助《いちむらてつのすけ》といいます。土方《ひじかた》さんの小姓《こしょう》を務《つと》めておりました」

鉄之助《てつのすけ》は土方《ひじかた》から形見《かたみ》の品《しな》を託《たく》され、箱館《はこだて》から脱出《だっしゅつ》したことを話《はな》して聞《き》かせた。

その数日後《すうじつご》に横浜《よこはま》から上陸《じょうりく》した鉄之助《てつのすけ》は、新政府軍《しんせいふぐん》の包囲網《ほういもう》をかいくぐり、やっとの思《おも》いで日野《ひの》までたどり着《つ》いたのだ。

土方《ひじかた》は写真《しゃしん》の他《ほか》、辞世《じせい》の句《く》をしたためた短冊《たんざく》も、鉄之助《てつのすけ》に託《たく》していた。

たとい身《み》は　蝦夷《えぞ》の島根《しまね》に朽《く》ちるとも　魂《たま》は東《あずま》の君《きみ》やまもらん

この身《み》が、たとえ蝦夷《えぞ》の地《ち》に朽《く》ちたとしても、自分《じぶん》の魂《たましい》は将軍《しょうぐん》を守《まも》り続《つづ》ける——という意味《いみ》だ。

「あんたには苦労《くろう》かけたね。あの子《こ》は本当《ほんとう》に人騒《ひとさわ》がせな子《こ》だよ……」

のぶは写真《しゃしん》を見《み》つめ、大粒《おおつぶ》の涙《なみだ》をこぼした。

鉄之助《てつのすけ》はしばらく、佐藤家《さとうけ》で世話《せわ》になることになった。

彦五郎《ひこごろう》とのぶは鉄之助《てつのすけ》を息子《むすこ》のようにかわいがり、読《よ》み書《か》きや手習《てなら》いをさせ、剣術《けんじゅつ》も身《み》に着《つ》けさせた。

そうした日々《ひび》を送《おく》る中《なか》、鉄之助《てつのすけ》は折《おり》にふれ、土方《ひじかた》の昔話《むかしばなし》をのぶや彦五郎《ひこごろう》から聞《き》いた。

「石田散薬《いしださんやく》は多摩川《たまがわ》べりに生《は》えている牛革草《ぎゅうかくそう》を煎《せん》じて作《つく》るんだけどね、毎年《まいとし》五月《がつ》に、村《むら》のもんを集《あつ》めて一斉《いっせい》に刈《か》り取《と》るんだよ。歳三《としぞう》が仕切《しき》ってやったときは早《はや》く終《お》わったから、みんな喜《よろこ》んでたねえ」

「そういや、そうだったなあ。あいつは人《ひと》を見《み》る目《め》があったし、動《うご》かすのもうまかった。

新選組《しんせんぐみ》を仕切《しき》れたのは、ああいう経験《けいけん》があったからじゃないか」

また、ある日《ひ》、鉄之助《てつのすけ》は土方《ひじかた》が彦五郎《ひこごろう》に送《おく》ってきたという鉢金《はちがね》も見《み》せてもらった。

それは、鉄之助《てつのすけ》が入隊《にゅうたい》する前《まえ》――新選組《しんせんぐみ》が京《きょう》で活躍《かつやく》しはじめた頃《ころ》、「八月十八日《がつにち》の政変《せいへん》」などで使用《しよう》した品《しな》だった。鉢金《はちがね》の表《おもて》には刀傷《かたなきず》が数《すう》か所《しょ》あり、裏《うら》には、

「尽忠報国志《じんちゅうほうこくのこころざし》　土方義豊《ひじかたよしとよ》」

と彫《ほ》ってあった。

見《み》つめていると、若《わか》き日《ひ》の土方《ひじかた》の思《おも》いが起《た》ち上《あ》がってくるような気《き》がした。

（土方《ひじかた》さん……）

土方《ひじかた》の思《おも》い出《で》やゆかりの品《しな》にふれるたび、鉄之助《てつのすけ》は泣《な》いた。

翌年《よくとし》には土方《ひじかた》の最期《さいご》に立《た》ちあったという、元《もと》・新選組《しんせんぐみ》の隊士《たいし》、沢忠助《さわちゅうすけ》が日野《ひの》の佐藤家《さとうけ》を訪《おとず》れた。彼《かれ》は土方《ひじかた》の形見《かたみ》の品《しな》として、仙台藩主《せんだいはんしゅ》・伊達慶邦《だてよしくに》から下賜《かし》された「刀《かたな》の下《さ》げ緒《お》」を持《も》っていた。土方《ひじかた》は知《し》り合《あ》いの商人《しょうにん》に拝領品《はいりょうひん》などを預《あず》けており、それを沢《さわ》が引《ひ》き取《と》って届《とど》けに来《き》たのである。沢《さわ》は土方《ひじかた》の遺骸《いがい》を五稜郭《ごりょうかく》の敷地内《しきちない》に埋《う》めたと語《かた》り、やがて日野《ひの》を去《さ》った。

そうして、今度《こんど》は二年後《ねんご》のある日《ひ》、立川主税《たちかわちから》という元《もと》・新選組《しんせんぐみ》の隊士《たいし》が、佐藤家《さとうけ》を訪《たず》ね

て来《き》た。立川《たちかわ》は安富才助《やすとみさいすけ》の手紙《てがみ》を預《あず》かっていた。

その手紙《てがみ》は、明治《めいじ》二年《ねん》（一八六九年《ねん》）五月《がつ》十二日《にち》付《づ》けで、前日《ぜんじつ》に土方《ひじかた》が戦死《せんし》したときの様子《ようす》が細《こま》かく記《しる》されてあった。その日《ひ》、立川《たちかわ》は安富《やすとみ》に手紙《てがみ》を託《たく》されて箱館《はこだて》を脱出《だっしゅつ》しようとしたが、新政府軍《しんせいふぐん》に捕《つか》まってしまい、その後《ご》、秋田《あきた》で謹慎生活《きんしんせいかつ》を余儀《よぎ》なくされていたという。


「三年《ねん》も経《た》ってしまい、申《もう》し訳《わけ》ありませんでした」

「いえ、鉄之助《てつのすけ》や沢《さわ》さんからも話《はなし》を聞《き》いておりましたし、箱館《はこだて》の戦《いくさ》が終《お》わってから、これまでもいろんなところから歳三《としぞう》の話《はなし》は聞《き》こえてきています。最後《さいご》まで戦《たたか》った歳三《としぞう》を、日野《ひの》の皆《みな》は誇《ほこ》りに思《おも》っています」

彦五郎《ひこごろう》は深々《ふかぶか》と頭《あたま》を下《さ》げて、その手紙《てがみ》を押《お》し頂《いただ》き、仏壇《ぶつだん》に上《あ》げた。

鉄之助《てつのすけ》は手《て》を合《あ》わせ、土方《ひじかた》を思《おも》って、むせび泣《な》いた。

弁天台場《べんてんだいば》に立《た》て籠《こ》もっていた新選組《しんせんぐみ》の隊士《たいし》たちが土方《ひじかた》の戦死《せんし》を知《し》ったとき、島田魁《しまだかい》や尾《お》関雅次郎《ぜきまさじろう》をはじめ、皆《みな》、赤子《あかご》のごとく号泣《ごうきゅう》したという。

新選組《しんせんぐみ》は相馬主計《そうまかずえ》を最後《さいご》の隊長《たいちょう》にして戦《たたか》ったが、やがて食糧《しょくりょう》が尽《つ》き、五月《がつ》十五日《にち》に降伏《こうふく》した。その相馬《そうま》は戦後《せんご》、新島《にいじま》に流《なが》され、隊士《たいし》たちもそれぞれ謹慎《きんしん》を命《めい》じられた。

十六日《にち》には、中島三郎助《なかじまさぶろうすけ》が息子《むすこ》とともに無念《むねん》の戦死《せんし》を遂《と》げ、永井尚志《ながいなおゆき》は敵《てき》に捕《つか》まるくらいならと自害《じがい》しようとした。しかし、武士《ぶし》らしく自害《じがい》を主張《しゅちょう》する者《もの》たちに向《む》かって、

「死《し》ぬのはいつでもできる。ここはいっちょう、降伏《こうふく》と洒落《しゃれ》てみようじゃないか」

と大鳥圭介《おおとりけいすけ》が言《い》ってのけ、最終的《さいしゅうてき》に皆《みな》、新政府《しんせいふ》への投降《とうこう》に傾《かたむ》いたという。

そして、十八日《にち》、榎本武揚《えのもとたけあき》は降伏《こうふく》を宣言《せんげん》し、五稜郭《ごりょうかく》を明《あ》け渡《わた》した。

——こうして「戊辰戦争《ぼしんせんそう》」は終《お》わりを告《つ》げた。土方《ひじかた》の死《し》から、七日後《なのかご》のことであった。

ちなみに、降伏後《こうふくご》、新政府《しんせいふ》に身柄《みがら》を拘束《こうそく》された榎本《えのもと》は牢《ろう》に入《い》れられたが、新政府参謀《しんせいふさんぼう》・黒田清隆《くろだきよたか》が榎本《えのもと》の才能《さいのう》を惜《お》しみ、助命運動《じょめいうんどう》を行《おこな》ったおかげで二年半後《ねんはんご》に解放《かいほう》され、新政府《しんせいふ》の一員《いちいん》として迎《むか》えられている。大鳥《おおとり》も牢《ろう》から解放《かいほう》されたあと、新政府《しんせいふ》に参加《さんか》した。

立川《たちかわ》が去《さ》ってしばらくして——。

故郷《こきょう》の大垣《おおがき》へ帰《かえ》ることになった鉄之助《てつのすけ》は、日野《ひの》を発《た》つ前《まえ》に土方《ひじかた》の生家《せいか》へ立《た》ち寄《よ》った。

門《もん》を入《はい》って少《すこ》し奥《おく》の左手《ひだりて》に、まっすぐな竹《たけ》が生《は》えているのが見《み》えた。土方《ひじかた》が昔《むかし》、植《う》えたという、あの箭篠《やじの》だ。

「鉄之助《てつのすけ》、行《い》くのか」

声《こえ》をかけてきたのは、土方《ひじかた》の甥《おい》で土方家《ひじかたけ》の当主《とうしゅ》・作助《さくすけ》だった。彼《かれ》とは甲陽鎮撫隊《こうようちんぶたい》の際《さい》に

顔《かお》を合《あ》わせており、鉄之助《てつのすけ》が日野《ひの》に来《き》てからも、なにかと親切《しんせつ》にしてくれた。

「歳三《としぞう》おじさんは、最後《さいご》まで侍《さむらい》だったな」

「ええ……。私《わたし》は、あの人《ひと》ほど武士《ぶし》らしい武士《ぶし》を知《し》りません……」

作助《さくすけ》に頼《たの》み、鉄之助《てつのすけ》は箭篠《やじの》の葉《は》を一枚《まい》もらった。

懐紙《かいし》の間《あいだ》に丁寧《ていねい》に挟《はさ》んで懐《ふところ》に入《い》れると、土方家《ひじかたけ》をあとにした。


鉄之助《てつのすけ》はその後《ご》、大垣《おおがき》に帰《かえ》って一生《いっしょう》を終《お》えたとも、薩摩《さつま》の西郷隆盛《さいごうたかもり》が起《お》こした日本《にほん》最後《さいご》の内乱《ないらん》「西南戦争《せいなんせんそう》」の際《さい》に薩摩《さつま》への復讐《ふくしゅう》に燃《も》える会津兵《あいづへい》たちとともに官軍《かんぐん》に従軍《じゅうぐん》し、九州《きゅうしゅう》で戦死《せんし》したとも言《い》われている。

鉄之助《てつのすけ》の最期《さいご》がどのようであったかはわからないが、彼《かれ》が日野《ひの》を訪《おとず》れることは二度《にど》となかった。

あとがき——日本最後《にほんさいご》のサムライ・土方歳三《ひじかたとしぞう》——

みなさん、こんにちは。藤咲《ふじさき》あゆなです。

なんだか甘《あま》ったるい名前《なまえ》なので信用《しんよう》ならないかもしれませんが、中身《なかみ》は真面目《まじめ》で硬派《こうは》な歴史小説《れきししょうせつ》ですので、そこは安心《あんしん》してください。

さて、本書《ほんしょ》の主人公《しゅじんこう》・土方歳三《ひじかたとしぞう》ですが、彼《かれ》は武蔵国多摩郡石田村《むさしのくにたまごおりいしだむら》（現《げん》・東京都日野市石田《とうきょうとひのしいしだ》）の土豪《どごう》の家《いえ》に生《う》まれ、代々武士《だいだいぶし》の家系《かけい》に育《そだ》ったというわけではありませんでした。家業《かぎょう》である薬《くすり》の行商《ぎょうしょう》に出《で》ながら剣術修行《けんじゅつしゅぎょう》に励《はげ》んでいたある日《ひ》、武士《ぶし》になるチャンスが訪《おとず》れます。将軍警護《しょうぐんけいご》のための浪士組《ろうしぐみ》の一員《いちいん》として、京《きょう》へ出《で》ることになったのです。

そのとき、土方《ひじかた》は数《かぞ》えで二十九歳《さい》。それから箱館《はこだて》の地《ち》で戦死《せんし》するまでわずか六年《ねん》。このたった六年《ねん》の間《あいだ》に江戸幕府《えどばくふ》が倒《たお》れ、明治新政府《めいじしんせいふ》ができたのです。

それでは、このページを借《か》りて、土方《ひじかた》にまつわるエピソードを紹介《しょうかい》しましょう。

【熱《あつ》い風呂《ふろ》が好《す》きだった】

土方《ひじかた》はよく十歳下《さいした》の甥《おい》の作助《さくすけ》と風呂《ふろ》に入《はい》ったそうですが、その湯《ゆ》の熱《あつ》さに作助《さくすけ》がよく飛《と》び出《だ》してしまい、庭中《にわじゅう》を逃《に》げ回《まわ》る甥《おい》っ子《こ》を捕《つか》まえては「男子《だんし》たるもの、このくらいの湯《ゆ》に浸《つ》かれなくてどうする」と言《い》って湯舟《ゆぶね》に沈《しず》めていたそうです。また少年時代《しょうねんじだい》、風呂《ふろ》から出《で》ると土方《ひじかた》はふんどし一丁《いっちょう》で、大黒柱《だいこくばしら》に向《む》かって相撲《すもう》のぶつかり稽古《げいこ》をしていたとか。気力《きりょく》も体力《たいりょく》も人一倍《ひといちばい》ありあまっていたのでしょうね。

【たくあんが好《す》きだった】

小野路《おのじ》（現《げん》・東京都町田市《とうきょうとまちだし》）の親戚《しんせき》の家《いえ》に行《い》くことも多《おお》かった土方《ひじかた》。そこのおばあさんが漬《つ》けたたくあんが大好《だいす》きで、あまりの食《た》べっぷりにおばあさんがある日《ひ》、おみやげに樽《たる》ごと持《も》たせてくれました。土方《ひじかた》は最初《さいしょ》のうちは重《おも》い樽《たる》を肩《かた》に担《かつ》いでいたものの、山道《やまみち》の途《と》中《ちゅう》でついにへばり、ゴロゴロと転《ころ》がして帰《かえ》ったそうですよ。

【銭《ぜに》はいらない】

土方《ひじかた》が五歳《さい》の頃《ころ》の話《はなし》です。堤防《ていぼう》の普請《ふしん》のために土方家《ひじかたけ》に逗留《とうりゅう》していた役人《やくにん》が「これで菓《か》子《し》でも買《か》いなさい」と小遣《こづか》いを渡《わた》そうとすると、土方《ひじかた》は「銭《ぜに》はいらない。代《か》わりにそれがほしい」と役人《やくにん》が楊枝《ようじ》を削《けず》るのに使《つか》っていた小柄《こづか》を指《ゆび》さしたとか。役人《やくにん》に憶《おく》することなく言《い》った土方《ひじかた》を見《み》て、周囲《しゅうい》の人《ひと》たちは「末恐《すえおそ》ろしい子《こ》だ」と噂《うわさ》したそうです。が、そんな土《ひじ》方《かた》も近所《きんじょ》の寺《てら》によく遊《あそ》びに行《い》っては、山門《さんもん》の上《うえ》から鳥《とり》の卵《たまご》を道行《みちい》く人《ひと》に投《な》げてぶつけるというやんちゃな一面《いちめん》もあったようです。

【恋多《こいおお》き男《おとこ》？】

土方《ひじかた》は少年《しょうねん》の頃《ころ》、二度《にど》、江戸《えど》市中《しちゅう》の商家《しょうか》へ奉公《ほうこう》に出《で》たと言《い》われていますが、二回目《かいめ》の奉《ほう》公先《こうさき》で下女《げじょ》とデキてしまい、追《お》い出《だ》されたという話《はなし》があります。京《きょう》から親戚《しんせき》へ送《おく》った手紙《てがみ》の中《なか》でも自分《じぶん》のモテモテぶりを書《か》いたり、芸妓《げいぎ》からもらったたくさんの恋文《こいぶみ》を同封《どうふう》したりと女性《じょせい》にはかなりモテたようです。

八木《やぎ》家《け》の主人《しゅじん》も土方《ひじかた》のことを「役者《やくしゃ》のようにいい男《おとこ》だった」と言《い》っていますし、榎本武《えのもとたけ》揚《あき》も「入室但清風《にゅうしつしょせいふう》（彼《かれ》が軍議《ぐんぎ》の場《ば》に入《はい》ってくると清《きよ》らかな風《かぜ》が流《なが》れるような、そんなさわやかな男《おとこ》だった）」と土方《ひじかた》について書《か》き残《のこ》しています。

現存《げんそん》する写真《しゃしん》からもわかるように、現代風《げんだいふう》に言《い》えばかなりの〝イケメン〟だった土方《ひじかた》ですが、そんな彼《かれ》にも叶《かな》わぬ恋《こい》があったようです。土方《ひじかた》が残《のこ》した「豊玉発句集《ほうぎょくほっくしゅう》」の中《なか》に、

「しれハ迷《まよ》ひしなけれハ迷《まよ》はぬ恋《こい》の道《みち》」

という句《く》が残《のこ》っています。

恋《こい》というものはしてしまうとあれこれと心《こころ》が迷《まよ》うが、しなければ迷《まよ》わないものだ——と恋《こい》に身《み》を焦《こ》がした苦悩《くのう》が感《かん》じ取《と》れます。恋《こい》の相手《あいて》が誰《だれ》だったのか、気《き》になるところです。

【細《こま》かいことは気《き》にしない？】

甲陽鎮部隊《こうようちんぶたい》の援軍《えんぐん》を頼《たの》みに引《ひ》き返《かえ》し、江戸《えど》へ向《む》かう途中《とちゅう》、佐藤家《さとうけ》に寄《よ》り、「将軍《しょうぐん》の御前《ごぜん》に出《で》るから」と洋式《ようしき》の軍服《ぐんぷく》から紋付袴《もんつきはかま》に着替《きが》えたときのことです。

姉《あね》ののぶが「羽織《はおり》の家紋《かもん》が土方家《ひじかたけ》の家紋《かもん》と違《ちが》う」と指摘《してき》すると、「そんなの、誰《だれ》にもわかりゃしねえよ」と言《い》って気《き》にせず、さっさと早駕籠《はやかご》で江戸《えど》へ向《む》かったとか。事態《じたい》は急《きゅう》を要《よう》するので、そんなことは些細《ささい》なことだったのでしょうね。

【鬼《おに》の目《め》にも涙《なみだ》？】

宇都宮《うつのみや》での戦《たたか》いの際《さい》、味方《みかた》を鼓舞《こぶ》するため、敗走《はいそう》する兵《へい》をひとり斬《き》り捨《す》てた土方《ひじかた》。やむを得《え》なかったこととはいえ、心《こころ》を痛《いた》めていたらしく、後日《ごじつ》、訪《たず》ねてきた友人《ゆうじん》に「あの兵《へい》の墓《はか》を建《た》ててやってほしい」とお金《かね》を渡《わた》しました。そのとき、土方《ひじかた》は目《め》に涙《なみだ》を浮《う》かべていたそうです。「鬼《おに》の副長《ふくちょう》」として知《し》られた土方《ひじかた》ですが、組織《そしき》の上《うえ》に立《た》つ者《もの》として、敢《あ》えて心《こころ》を鬼《おに》にしなければならない場面《ばめん》が、他《ほか》にいくつもあったでしょうね。

【土方《ひじかた》の墓《はか》はどこにあるのか】

箱館《はこだて》の一本木関門《いっぽんぎかんもん》で銃弾《じゅうだん》に倒《たお》れた土方《ひじかた》。彼《かれ》の遺骸《いがい》は五稜郭《ごりょうかく》に運《はこ》ばれて埋《う》められたそうですが、未《いま》だに場所《ばしょ》が特定《とくてい》できていません。ですので、遺骨《いこつ》のない墓《はか》（または慰霊碑《いれいひ》）が東《とう》京都日野市《きょうとひのし》の石田寺《せきでんじ》、高幡不動尊《たかはたふどうそん》、函館《はこだて》の一本木関門跡《いっぽんぎかんもんあと》（土方歳三最期《ひじかたとしぞうさいご》の地《ち》）など各地《かくち》にいくつか建《た》てられています。また土方《ひじかた》の生家《せいか》には現在《げんざい》「土方歳三資料館《ひじかたとしぞうしりょうかん》」が併設《へいせつ》され、庭《にわ》には彼《かれ》が植《う》えたという箭篠《やじの》が今《いま》でも青々《あおあお》と葉《は》を茂《しげ》らせています。

さて、ここまでお読《よ》みいただき、ありがとうございました！

武家《ぶけ》の出《で》ではない土方《ひじかた》が最後《さいご》まで「義《ぎ》」を貫《つらぬ》いたことに、後世《こうせい》の人々《ひとびと》は男《おとこ》のロマンを感《かん》じるのでしょう。異論《いろん》はあるかもしれませんが、箱館戦争《はこだてせんそう》で散《ち》った土方《ひじかた》を私《わたし》は「日本最後《にほんさいご》のサムライ」だと言《い》っていいと思《おも》っています。

私《わたし》も先祖代々《せんぞだいだい》武州《ぶしゅう》の家《いえ》の人間《にんげん》として、新選組《しんせんぐみ》には大変思《たいへんおも》い入《い》れがあります。

まだまだ書《か》きたりませんが、この本《ほん》を通《とお》して、少《すこ》しでも幕末維新《ばくまついしん》を駆《か》け抜《ぬ》けた男《おとこ》たちの熱《あつ》い魂《たましい》が伝《つた》われば、作家《さっか》としてうれしく思《おも》います。

明治維新《めいじいしん》１５０年《ねん》の初夏《しょか》に記《しる》す

藤咲《ふじさき》あゆな

土方歳三《ひじかたとしぞう》 年表《ねんぴょう》

西暦《せいれき》〔元号《げんごう》〕（年《ねん》）	年齢《ねんれい》	土方《ひじかた》の歴史《れきし》	日本《にっぽん》のできごと
一八三五〔天保《てんぽう》六〕	1	五月五日《がついつか》、武蔵国多摩郡《むさしのくにたまごおり》（現在《げんざい》の東京都日野市《とうきょうとひのし》）に生《う》まれる。	長崎《ながさき》、箱館《はこだて》、神奈川《かながわ》で貿易開始《ぼうえきかいし》。
一八五九〔安政《あんせい》六〕	25	近藤周助《こんどうしゅうすけ》に入門《にゅうもん》。	
一八六〇〔安政《あんせい》七、万延《まんえん》元〕	26	府中六所宮《ふちゅうろくしょぐう》で、近藤勇《こんどういさみ》の天然理心流《てんねんりしんりゅう》四代目襲名披露《だいめしゅうめいひろう》が行《おこな》われる。	「桜田門外《さくらだもんがい》の変《へん》」で井伊直弼《いいなおすけ》が暗殺《あんさつ》される。
一八六三〔文久《ぶんきゅう》三〕	29	浪士組《ろうしぐみ》の一員《いちいん》として江戸《えど》を出立《しゅったつ》。芹沢鴨《せりざわかも》、近藤勇《こんどういさみ》らと共《とも》に京都残留《きょうとざんりゅう》を嘆願《たんがん》し、京都守護職《きょうとしゅごしょく》を務《つと》める会津藩《あいづはん》の御預《おあずか》りとなり、のちに「新選組《しんせんぐみ》」の名《な》を与《あた》えられる。「八月《がつ》十八日《にち》の政変《せいへん》」が起《お》こる。九月《がつ》に芹沢鴨《せりざわかも》が暗殺《あんさつ》される。	徳川家茂《とくがわいえもち》が上洛《じょうらく》。薩摩藩《さつまはん》が英国艦隊《えいこくかんたい》を砲撃《ほうげき》。「薩英戦争《さつえいせんそう》」勃発《ぼっぱつ》。
一八六四〔文久《ぶんきゅう》四、元治《げんじ》元〕	30	「池田屋事件《いけだやじけん》」が起《お》こる。「禁門《きんもん》の変《へん》」勃発《ぼっぱつ》。	「第《だい》一次《じ》長州征伐《ちょうしゅうせいばつ》」。

※年齢《ねんれい》は数《かぞ》え年《どし》です

一八六五［元治《げんじ》二、慶応《けいおう》元］	31	山南敬助《さんなんけいすけ》、切腹《せっぷく》。 新選組《しんせんぐみ》の屯所《とんしょ》を西本願寺《にしほんがんじ》に移転《いてん》。	
一八六七［慶応《けいおう》三］	33	新選組《しんせんぐみ》が幕臣《ばくしん》に取《と》り立《た》てられる。 「油小路《あぶらのこうじ》の変《へん》」で伊東甲子太郎《いとうかしたろう》ら暗殺《あんさつ》される。	明治天皇《めいじてんのう》が即位《そくい》。 「大政奉還《たいせいほうかん》」が成立《せいりつ》し、「王政復古《おうせいふっこ》の大号令《だいごうれい》」が出《だ》される。
一八六八［慶応《けいおう》四、明治《めいじ》元］	34	「鳥羽《とば》・伏見《ふしみ》の戦《たたか》い」が起《お》こる。 甲陽鎮撫隊《こうようちんぶたい》として出陣《しゅつじん》し、「内藤隼人《ないとうはやと》」と名《な》を改《あらた》める。 近藤勇《こんどういさみ》が処刑《しょけい》され、沖田総司《おきたそうじ》も病死《びょうし》。 七月《がつ》、伝習第一大隊《でんしゅうだいいちだいたい》の参謀《さんぼう》となる。 十月《がつ》、旧幕府軍《きゅうばくふぐん》の一員《いちいん》として蝦夷地《えぞち》に上陸《じょうりく》。 十二月《がつ》、陸軍奉行並《りくぐんぶぎょうなみ》、箱館市中取締《はこだてしちゅうとりしまり》、裁判局頭取《さいばんきょくとうどり》を兼任《けんにん》。	「戊辰戦争《ぼしんせんそう》」が始《はじ》まる。 江戸城無血開城《えどじょうむけつかいじょう》。
一八六九［明治《めいじ》二］	35	四月《がつ》、官軍《かんぐん》が蝦夷地《えぞち》に上陸《じょうりく》。 五月一日《がつついたち》、一本木関門《いっぽんぎかんもん》で銃弾《じゅうだん》を受《う》け戦死《せんし》。	「戊辰戦争《ぼしんせんそう》」終結《しゅうけつ》。

参考文献

『新選組奮戦記』（ＰＨＰ）永倉新八 著 【注】菊地明
『土方歳三日記【上】生い立ち、上京、新選組結成、そして池田屋事件』（ちくま学芸文庫）菊地明 編・著
『土方歳三日記【下】新選組副長、鳥羽伏見戦、箱館戦争、そして散華』（ちくま学芸文庫）菊地明 編・著
『新選組始末記』（中公文庫）子母澤寛 著
『新選組日誌 上』（新人物文庫）菊地明／伊東成郎／山村竜也 編
『新選組日誌 下』（新人物文庫）菊地明／伊東成郎／山村竜也 編
『土方歳三 新選組を組織した男』（中公文庫）相川司 著
『沖田総司 新選組孤高の剣士』（中公文庫）相川司 著
『斎藤一 新選組最強の剣客』（中公文庫）相川司 著
『新選組局長 近藤勇 士道に殉じたその実像』（淡交社）木村幸比古・著
『新選組全隊士徹底ガイド ４２４人のプロフィール』（河出文庫）前田政記 著
『ＫＡＷＡＤＥ夢ムック 文藝別冊 土方歳三 新選組の組織者〈増補新版〉』（河出書房新社）
『官賊に恭順せず 新撰組土方歳三という生き方』（角川学芸出版単行本）原田伊織 著
『歳三の生家 土方歳三資料館』（土方歳三資料館）
『日野市立新選組のふるさと歴史館叢書 第二輯 第二回特別展 新選組 京都の日々』
『日野市立新選組のふるさと歴史館叢書 第三輯「第三回特別展 新選組 戊辰戦争のなかで」』
『日野市立新選組のふるさと歴史館叢書 第八輯 特別展 新選組誕生』
『日野宿叢書 第二冊「図録 日野宿本陣 佐藤彦五郎と新選組」』

編集協力…………………… ㈱J's publishing

企画・編集……………… 石川順恵 山本佳保里 甲田秀昭

装丁……………………… 荻窪裕司

口絵CGイラスト……… 成瀬京司

口絵写真協力…………… 一般社団法人函館国際観光コンベンション協会、
土方歳三資料館、高幡山金剛寺、PIXTA

校正……………………… ㈱鷗来堂

DTP …………………… ㈱東海創芸

新《しん》・歴史《れきし》人物伝《じんぶつでん》
土方歳三《ひじかたとしぞう》

2018年7月12日 初版発行

著 藤咲《ふじさき》あゆな

絵 おおつきべるの

発行者 井上弘治

発行所 **駒草出版** 株式会社ダンク出版事業部
〒110-0016
東京都台東区台東1-7-1 邦洋秋葉原ビル2階
TEL 03-3834-9087
FAX 03-3834-4508
http://www.komakusa-pub.jp

印刷・製本 シナノ印刷株式会社

落丁・乱丁本はお取り替えいたします。定価はカバーに表記してあります。

ISBN978-4-909646-00-2 N.D.C.289 212p 18cm